AF533837

Kurt Gayer / Die Alemannen-Saga

Kurt Gayer

# Die Alemannen-Saga

## Ein Volk - kein Reich und 100 Herren

Morstadt Verlag

CIP-Kurztitelaufnahme der Deutschen Bibliothek

Kurt Gayer:
Die Alemannen-Saga: Ein Volk – kein Reich
und 100 Herren /
Kurt Gayer. – Kehl; Strasbourg; Basel: Morstadt, 1990.

ISBN 3-88571-213-X


4. Auflage
Verlagsort: Kehl
Gesamtherstellung: Kehler Druck, Kehl
Schutzumschlag: Siegbert Marusczyk

# *Inhalt*

# *Vorwort*

In Zeiten, da sich viele Menschen geistig verunsichert fühlen, wenden sich nicht wenige der geschichtlichen Vergangenheit zu, um vielleicht dort Hinweise zu finden, die zur Festigung der eigenen Identität hilfreich sein können. Diese Erscheinung ist in zweifacher Hinsicht erfreulich. Zeigt sie doch zum einen, daß auch kritische Situationen ihr Gutes haben können, und belegt sie doch zum anderen, daß wir zuerst wissen müssen, woher wir kommen, wenn wir uns entscheiden sollen, wohin wir gehen wollen. Mit anderen Worten: Zukunft hat immer auch mit Herkunft zu tun.

Es ist deshalb begrüßenswert, daß es ein so bekannter landeskundlicher Publizist wie Kurt Gayer unternommen hat, den Spuren der Alemannen nachzugehen, also jenes germanischen Stammes, dessen Nachkommen große Teile des deutschen Südwestens bewohnen — denn wir wissen es ja: Alemannen und Schwaben, das sind die gleichen. Wie es schon der Untertitel des Buches „Ein Volk, kein Reich und 100 Herren" ausdrückt, ist es den Alemannen in geschichtlicher Zeit nicht gelungen, auf Dauer staatenbildend zu wirken. Umso mehr dürfen wir uns über den Zusammenschluß der südwestdeutschen Länder zum Land Baden-Württemberg vor nunmehr mehr als drei Jahrzehnten freuen. Diese drei Jahrzehnte sind inzwischen ihrerseits schon ein Stück Geschichte geworden. Daß und warum diese erfreuliche Entwicklung keineswegs selbstverständlich war — dieses und manch anderes, uns selber Betreffendes vermag das vorliegende Buch uns anschaulich zu machen.

Lothar Späth
Ministerpräsident

# *Verlorene Fährten*

In Bopfingen am Ries, unweit des riesigen Kraters, den ein Meteorit in vorgeschichtlicher Zeit schlug, fand man sein Grab. Es war, wie alle alemannischen Reihengräber „geostet", wie es in der Archäologensprache heißt. Der Körper im Regelfall also in West-Ost Richtung gebettet, der Kopf der aufgehenden Sonne zugewandt.

Bei den Überresten jedoch, auf die man hier stieß, war nichts normal. Der Kopf, man konnte es nach eineinhalb Jahrtausenden noch erkennen, war gewaltsam zur Erde gekehrt, der Leib mit Steinen beschwert worden. Der Schimpf war dem Toten ins Grab gefolgt: bäuchlings begraben, sollte er für ewige Zeiten gebrandmarkt sein.

Sollte so seine Wiederkehr verhindert werden? Hatten die auf ihn geschichteten Steine den Zweck, die Auffahrt des Toten in den germanischen Götterhimmel unmöglich zu machen? Gegen welches Gesetz hatte er verstoßen? Warum war er aus der Sippe ausgestoßen worden? Was hatte seine Mannesehre befleckt? Hatte er Verrat an seinen Stammesgenossen begangen? War er am Ende gar in Verbindung zu den Römern am nahen Limes gestanden?

Die Steine schweigen. Der Gräberhauch der Historie schlägt uns entgegen, und fast will es angesichts dieser makabren Stätte scheinen, als begegne man hier den Spuren eines versunkenen Volkes. Tatsächlich ist der Stamm, dem der namenlose Verfemte aus dem Grab von Bopfingen angehörte, in Anton Schnacks Katalog verschwundener Völker aufgeführt. Gemeinsam mit den Olmeken, den Merowingern, den Genomanen, den Vandalen, den Bastarner und den Mamelucken erscheinen in diesem Gespensterreigen — die Alemannen. Sie zählen zu den Abgeschiedenen, „. . . und wenn ich ihnen nachsinne, so höre ich Pferdewiehern, Ochsengebrüll, das Brechen von Ästen, das Zischen geschleuderter Steine, das Klappern von Schilden, das Stöhnen von Sterbenden. Ich rieche Feuerbrand, Aas- und Kotgestank, Schweiß, herbe Wildfrüchte, die Fettdünste der auf heißen Steinen röstenden Bärenrippen. Völkerzüge sind rätselhaft wie Ebbe und Flut: ein großes Aufbäumen und ein kraftloses Zusammenfallen.
Was ist von ihnen geblieben, was hat sich fortgezeugt, was hat sich weitergepflanzt?"
Dem entrückten Blick des fränkischen Dichters, in mythische Vergangenheiten zurückschweifend, ist ganz entgangen, daß in seiner unmittelbaren Nachbarschaft die Nachfahren dieses von ihm mit der Feder ausgelöschten Stammes leben, mehr noch: daß sie — die Alemannen — als einzige unter allen germanischen Stämmen den einmal gewonnenen Volksboden durch die Jahrtausende zu behaupten wußten.

Wie lebendig sie sind, wie ungemein gegenwärtig, beweist der Augenschein. Kräftig wie eh und je pocht das Herz dieses Volkes, allen vorschnellen Nekrologen ein trotziges „m'r send no do!“ in allen Schattierungen der alemannischen Mundart entgegensetzend.

Sie sind immer noch da und sie sind seit der Zeit der Römer immer dagewesen, mochte ihr Name auch in der Nacht des Mittelalters für Jahrhunderte verschüttet sein. Wie es dazu kam, wie es geschehen konnte, daß sich die Fährten dieses Volkes plötzlich verlieren, um dann, ganz unerwartet, wieder sichtbar zu werden, zählt zu den erregendsten, aber sonderbarerweise zumeist nur flüchtig erwähnten Kapiteln der abendländischen Geschichte.

Der Umstand, daß die Alemannen zwar eine ethnische aber keine geographische Einheit zu bilden vermochten, mag zu ihrer fast übersehenen Existenz durch die Historiker beigetragen haben. Erst in neuerer Zeit beginnt man, sich mehr mit ihnen zu beschäftigen, versucht man, „das alemannische Element“ bei Badenern und Schwaben, bei Elsässern und Schweizern zu entdecken und freizuschälen, blutsmäßige und vererbte Kollektiveigenschaften, die — ein einig' Band — doch irgendwo reihum vorhanden sein müßten.

Fernab aller Versuche, alemannische Gesamtbewußtseinsweckung über die Grenzen hinweg zu betreiben, machen wir uns auf, den Spuren des „schrecklichen Volkes“ (Agathias, byzantinischer Geschichtsschreiber) von seinem ersten Auftreten bis in die Jetztzeit nachzugehen.

Es gibt Namen in dieser Chronik, die wie Eisen klirren. Ein Heldenepos also? Ein Aufmarsch germanischer Recken?

Unbestritten gibt es zahllose Anlässe, blutige Wegspuren in der Stammesgeschichte der Alemannen abzustecken, angefangen von ihrer durchaus nicht friedlichen Landnahme bis zu ihrer freiwilligen oder unfreiwilligen Beteiligung an nahezu allen europäischen Händeln. Die Chronistenpflicht gebietet, keines dieser Ereignisse zu übergehen, haben doch gerade sie ursächlich dazu geführt, daß die Alemannen, gleich den Juden, „zerstreut wurden unter alle Völker". Um genau zu sein: aufgesplittet unter fünf verschiedene Nationalitäten.

Gleichwohl ist das in so vielen Vaterländern Wurzeln schlagende Volk der Alemannen im romanischen Sprachraum zum Namensgeber für das gesamte Deutschland geworden. Alemania, Allemagne — die Sprachforschung hat keine Mühe, festzustellen, von welchem Stamm sich diese Bezeichnungen ableiten. Aus historischer Perspektive konnten sie, mußten sie so lauten.

# *I. Der Aufbruch*

Den Namen hatten sie sich selbst gegeben. In den Augen der hochfahrenden Römer waren sie bis dahin nichts als „ein gemischter, zusammengelaufener Haufen“. Ein Barbarenstamm mehr, den die Legionen in den Boden stampfen würden wie all jene halbwilden, germanischen Horden zuvor, die zu Zeiten aus den nordischen Wäldern hervorbrachen und sich mit sturer Regelmäßigkeit die Köpfe einrannten. Schriftliche Quellen über die Entstehung der Namensbildung Alemannen fehlen. Von den im Umlauf befindlichen Theorien hat jene die größte Wahrscheinlichkeit für sich, nach der sich die Alemannen aus einem Verband verschiedener germanischer Völkerschaften formierten, wobei den an der mittleren Elbe und an der Havel seßhaften Sueben (Schwaben) die Führungsrolle zufiel. Ob das Gebiet der Elbgermanen tatsächlich das Mutterland der volkreichsten Gruppe, eben der Sueben, oder nur ihre zweite Heimat war, ist umstritten. Auf römischen Karten nämlich wird die Ostsee als mare suebicum bezeichnet, ein Indiz dafür, daß zum mindesten Ansiedlungen von Gliedern des Stammes im Küstenbereich bestanden haben müssen.

Mit dem Wander- und Erobererervolk der Sueben hatten die Römer schon in vorchristlicher Zeit Bekanntschaft gemacht. Sie waren mit den Cimbern und Teutonen in Gallien eingefallen, die „unbezähmbaren Barbaren des Nordens", von denen Tacitus später mit unverkennbarem Schauder berichtet: „Sie haben wilde, blaue Augen, rötlichgelbes Haar und große Körper, die zum Angriff taugen. Von geregelter Arbeit halten sie nicht viel. Krieg und Jagd sind ihre größte Leidenschaft." Die von Tacitus gegebene Beschreibung der rauhen Riesen des Nordens wird bestätigt durch die Skelettfunde in den alemannischen Reihengräbern. Es konnte nachgewiesen werden, daß es sich bei den Alemannen um schlanke, hochgewachsene Menschen handelte, die allein durch ihre Erscheinung Furcht und Schrecken verbreiteten.
Der überlegenen römischen Militärmacht war es gelungen, die Ende des 2. vorchristlichen Jahrhunderts in einem abenteuerlichen Zug über die Alpen vorgedrungenen Germanenstämme zurückzuwerfen. Die Cimbern und Teutonen waren bei den Kämpfen in der lombardischen Ebene aufgerieben worden, und die mit kleineren Verbänden beteiligten Sueben hatten sich ebenfalls blutige Köpfe geholt. Von ihnen, glaubte Rom, war hinfort nichts mehr zu befürchten. Siegesgewiß ließ Kaiser Domitian, der im Chattenkrieg bis zum Neckar vorstieß, eine Münze mit der Inschrift ‚capta est' schlagen, ein eherner Gebietsanspruch auf das besetzte Land. Die Annahme, von den unruhigen Germanen sei nichts mehr zu befürchten, erwies sich als richtig —

fast zwei Jahrhunderte lang. Doch während dieser ganzen Zeit erhielt sich die Kunde von dem Sonnenland im Süden mit seinen reichen Städten und seiner fruchtbaren Erde und ging von Lagerfeuer zu Lagerfeuer.

Die Römer besetzten unterdessen Gallien und drangen bis zum Rhein und zur Donau vor. Mit Ariovist trat ihnen die erste geschichtlich greifbare germanische Persönlichkeit entgegen. Seine Kerntruppe bestand aus den ewig unruhigen Sueben, die ständig Beutezüge gegen ihre Nachbarn unternahmen. Jetzt, unter diesem geübten Heerführer winkte ihnen reicherer Lohn als geraubte Pferde, Waffen und Korn. Ariovist wird den Rhein überschreiten, und drüben in Gallien gibt es Land, weites, üppiges Land, unendlich fruchtbarer als der dürre Boden an Elbe und Havel, der seine Bewohner nur unzureichend ernähren kann. Ungeduldig warten die Mannen auf das Zeichen, über den Rhein zu setzen und das Land der Häduer in Besitz zu nehmen.

Ariovist aber, auch im diplomatischen Ränkespiel ein den Römern gleichwertiger Gegner, läßt sich Zeit. Natürlich ist er sich im klaren, daß sein Griff nach Gallien früher oder später unvermeidlich zu einem Zusammenstoß mit den Römern führen muß. Er spielt auf Zeit. Erst muß seine Position so ausgebaut und gefestigt sein, daß er von einer sicheren Basis aus operieren kann, wenn es zu der erwarteten Auseinandersetzung kommt.

Er läßt sich — das Beispiel wird über Jahrtausende hin Schule machen — von den mit den Häduern verfeindeten gallischen Sequanern um militärischen

Beistand bitten, geht um 71 v. Chr. über den Rhein und nimmt neben anderen links-rheinischen Gebietsteilen das heutige Elsaß in Besitz. Unverzüglich treiben die Sueben ihren Lohn ein. Sie erhalten ein Drittel des Ackerlandes zugesprochen, und Rom läßt es geschehen. Cäsar, zu jener Zeit noch Konsul, weiß den Senat zu überzeugen, daß es angesichts der augenblicklichen Kräfteverhältnisse am Rhein unklug wäre, auf Ariovists Herausforderung sogleich mit Waffengewalt zu reagieren. Nein, man wird ihn sogar mit dem ehrenvollen und zugleich verpflichtenden Titel eines „Freund des römischen Volkes" auszeichnen und abwarten, wie er sich weiter verhält.

Der Köder verfängt nicht. Ariovist geht offensichtlich darauf aus, weiter nach Westen vorzustoßen, und nun sind es die Häduer, die sich hilfesuchend an den mit fünf kampferprobten Legionen nach Gallien geeilten Cäsar wenden. Nur er, schmeicheln sie ihm, sei der Mann, die Germanen aufs Haupt zu schlagen und sie über den Rhein zurückzutreiben.

Cäsar selbst ist sich da nicht so ganz sicher, wie sein Bericht über die Stimmung im Heer zeigt, nachzulesen in seiner Schrift über den Gallischen Krieg:

„Während wir uns wenige Tage bei Vesontio (Besançon) aufhielten — Verpflegung und Nachschub mußten geregelt werden — da befiel plötzlich ein so großer Schrecken das ganze Heer, daß alle in bedenklicher Weise Kopf und Herz verloren. Auf die Fragen der Truppe hin hatten nämlich Gallier und Kaufleute überall erzählt, die Germanen seien ungeheuer groß, unglaublich tapfer und waffengeübt. Häufig seien sie mit ihnen zusammengestoßen und hätten nicht einmal ihre Miene und den stechenden Blick ihrer Augen vertragen können. Diese Angst befiel zuerst die Militärtribunen, die Präfekten und die übrigen, die mich aus Rom aus persönlicher Freundschaft begleitet hatten, aber keine Kriegserfahrung besaßen.

Von ihnen baten die einen aus diesem, die anderen aus jenem Vorwande, der angeblich die Rückreise nach Rom erforderlich mache, um Beurlaubung. Einige jedoch schämten sich und blieben, um dem Verdacht der Furcht zu entgehen, da. Aber sie konnten weder ihre Miene verstellen noch bisweilen ihre Tränen zurückhalten. In ihren Zelten versteckt, bejammerten sie entweder ihr persönliches Los oder

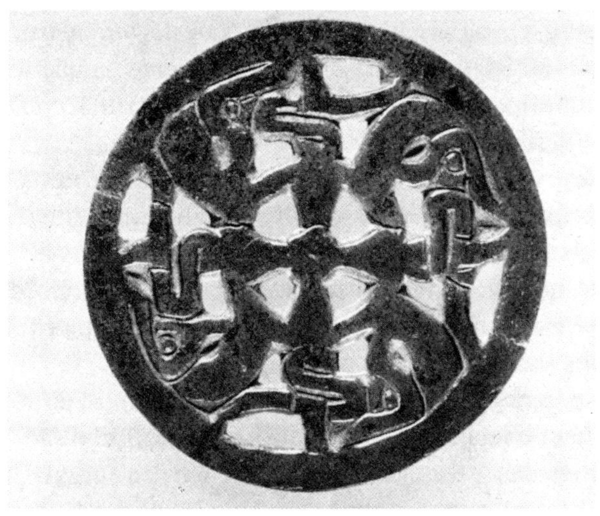

*Kunstvolle alemannische Zierscheibe.*

sie beklagten mit ihren Freunden die gemeinsame Gefahr. Allgemein wurden im Lager Testamente abgefaßt. Durch das Gerede und die Furcht vieler Leute wurden allmählich auch die kriegserfahrenen Soldaten, Centurionen und Reiterführer ängstlich. Von ihnen erklärten die, welche als weniger furchtsam gelten wollten, sie hätten keineswegs vor dem Feind Angst, sie fürchteten nur die Engpässe, die großen, die zwischen ihnen und Ariovist liegenden Wälder oder die nicht ausreichende Möglichkeit, den Proviant herbeizuschaffen.
Einige gaben mir sogar zu verstehen, daß die Truppe, wenn ich den Befehl zum Aufbruch und Angriff gebe, keine Folge leisten und aus Furcht nicht marschieren werde."
Das Grauen vor den nordischen Barbaren sitzt den Legionären so tief in den Knochen, daß Cäsar in einer psychologisch meisterhaft angelegten Ansprache all seine Beredsamkeit aufbieten muß, die Kampfmoral einigermaßen wiederherzustellen. Die pathetisch ausgestoßene Drohung, notfalls ,,wenn mich alle anderen im Stich lassen" allein mit der X. Legion als Leibwache dem Feind gegenüberzutreten, gibt den Ausschlag.
Sie schlagen die Schwerter auf die Schilder, die Feldzeichen werden in die Höhe gereckt, die römischen Adler fliegen wieder.
Die Krieger Ariovist's, vor 10 Jahren über den Rhein eingefallen, haben das eroberte Land längst unter den Pflug genommen. Sie werden ihrem Anführer bis zum letzten Mann beistehen, das besetzte Gebiet zu halten.

Cäsar rückt über die Burgundische Pforte vor, zwischen Besançon und Schlettstadt stehen sich die Heere gegenüber. Cäsar sucht, wenn möglich, das drohende Blutvergießen zu vermeiden. Ein Parlamentär wird ins germanische Lager geschickt: Cäsar bitte, daß ihm Ariovist entgegenreite. In der Mitte zwischen den beiden Fronten wolle man sich auf einer leichten Anhöhe treffen. Ariovist sagt zu, und es kommt zu der historischen, von Cäsar überlieferten Unterredung auf dem Rücken ihrer Pferde. Je zehn Mann Gefolge wachen auf beiden Seiten, daß die für das Treffen festgelegten Vereinbarungen eingehalten werden.
Cäsar richtet als erster das Wort an den Gegner, und es ist ungemein aufschlußreich, nicht nur das beiderseitige Taktieren zu studieren, sondern auch die verschiedenen Charaktere in Rede und Gegenrede transparent gemacht zu sehen.

*Cäsar:* Ariovist, deinen Königsruhm verdankst du der Macht Roms, und den Ehrentitel eines „Freundes der Römer" verlieh dir der Senat unter meinem Konsulat.
*Ariovist:* Von dieser Freundschaft mit dem römischen Volke erwarte ich Ehre und Sicherheit, nicht Schaden. In dieser Hoffnung habe ich sie gesucht.
*Cäsar:* Der Ehre, ein Freund Roms zu sein, wurden nur wenige teilhaftig. Sie wird nur für wirkliche und große Dienste zuerkannt. Du, Ariovist, erlangtest die Belohnung auch. Allerdings weniger durch dein Verdienst als Dank meiner Freigebigkeit und der des

Senats. Daß dir daneben reichlich Geschenke übersandt wurden, solltest du nicht vergessen!

*Ariovist:* Wenn mir aber heute das römische Volk den Tribut schmälert und mir die durch eigene Siege Unterworfenen entziehen will, verzichte ich gerne auf die Freundschaft, die ich einst selbst erstrebt habe.

*Cäsar:* Das Volk der Häduer, das du überfallen und unterworfen hast, steht in einem engen Verhältnis zu Rom. Der Senat faßte viele ehrenvolle Beschlüsse für sie. Sie, die eine Vormachtstellung in ganz Gallien einnahmen, lange bevor sie um Roms Freundschaft nachsuchten, sind unsere Bundesgenossen. Und es ist des römischen Volkes Gewohnheit, dafür zu sorgen, daß seine Bundesgenossen und Freunde nicht nur von ihrem Besitz nichts verlieren, sondern an Ansehen, Achtung und Ehre stärker dastehen als vordem. Was die Häduer in den Freundschaftsbund mit dem römischen Volk mitgebracht haben, wie könnte das römische Volk dulden, daß es ihm einfach entrissen wird? Ich verlange deshalb von dir, Ariovist, im Namen Roms: Alle kriegerischen Handlungen gegen die Häduer sind sofort einzustellen und die Geiseln zurückzugeben. Ferner fordere ich, daß du einen Teil deiner Scharen heimschickst und das Überschreiten des Rheins durch andere Kräfte verhinderst.

*Ariovist:* Nicht ich habe den Befehl erteilt, daß meine Scharen über den Rhein marschieren. Wir wurden gebeten und herbeigeholt von gallischen Stämmen. Die Männer haben ihre Heimat und Familien gar nicht gerne verlassen; nur die Hoffnung auf

hohe Belohnung bestimmte sie am Ende dazu. Die Wohnsitze haben ihnen die Gallier selbst eingeräumt und die Geiseln aus freiem Willen gestellt. Den Tribut beziehen wir nach dem Kriegsrecht, das uns unsere Freunde, die Römer, lehrten. Alle gallischen Stämme traten gegen uns an, und wir haben sie alle in einer Schlacht vollkommen vernichtet. Sie können das ruhig ein zweitesmal versuchen, dann werden sie ein zweitesmal geschlagen werden. Ich verstehe nicht, warum du, Cäsar, sie aufstacheln willst, uns den Tribut zu verweigern, den sie bisher freiwillig bezahlt haben.
*Cäsar:* Und warum führst du immer neue Scharen über den Rhein?
*Ariovist:* Um mich zu sichern, nicht um die Gallier zu bekämpfen. Du vergißt, ich bin nur gebeten worden, es muß also auch etwas zu verteidigen gewesen sein. Auf jeden Fall bin ich mit meinen Germanen früher nach Gallien gekommen als das römische Volk und du. Was hast du mit den Galliern zu schaffen? Warum betrittst du den Boden, der mir gehört? Dieser Teil Galliens ist meine Provinz, jene die eure. Niemand denkt daran, sich in eure Belange einzumischen. Umso besser wirst du verstehen, daß ich keinen Angriff auf unser Hoheitsgebiet zulasse.
*Cäsar:* Du sprichst von deiner Provinz, von deinem Hoheitsgebiet; sprichst davon, daß das römische Volk Gallien erst nach dir betreten habe; fragst, was ich hier zu suchen habe. Ehe du hier warst, war Quintus Fabius Maximus mit seinen Soldaten hier und besiegte die mächtigen Averner. Aber Roms Senat verzieh den Unbotmäßigen und machte ihr

Land weder zur Provinz, noch belastete sie sie selber mit Tribut.

*Ariovist:* O, dieser römische Senat! Als im letzten Allobrogerkrieg das römische Volk die Hilfe der Häduer brauchte, halfen ihnen diese nicht, obwohl der Senat Roms sie Brüder nannte. Allerdings half der Senat auch seinen Brüdern nicht, als diese mit den Sequanern und mit mir zu streiten kamen. Ich bin nicht so ungebildet und weltfremd, um nicht zu wissen, warum Cäsar hier ist. Ich habe den Verdacht, daß du nur unter dem Vorwand der Freundschaft das Heer in Gallien unterhältst, um mich zu überwältigen. Cäsars Tod wird mir Dank und Freundschaft der ersten Männer des römischen Volks gewinnen. Verläßt du mit deinem Heer nicht diesen Teil Galliens, so werde ich dich nicht als Freund, sondern als Feind behandeln. Überläßt du mir aber Gallien als freien Besitz, so bin ich zu Gegendiensten gerne bereit. Welche Kriege du auch immer geführt zu haben wünschest, sie werden glücklich beendet werden, ohne daß du dich irgendwelchen gefährlichen Anstrengungen wirst aussetzen müssen.

*Cäsar:* Ich bleibe dabei! Die Herrschaft des römischen Volkes in Gallien ist wohlberechtigt. Die Entscheidung des Senats gilt, daß Gallien frei sein muß.

Schweigend wenden beide ihre Pferde, die Schlacht beginnt, die Ariovist verlieren muß, noch ehe die ersten Lanzen splittern. Er hat den Fehler begangen, sich im freien Gelände zum Kampf zu stellen, auf einer Ebene, die der römischen Kampfesweise entgegenkommt und ihrer überlegenen Kriegstech-

nik Raum zur Entfaltung gibt. Die Schlacht endet 58 v. Chr. nach erbitterter Gegenwehr mit Ariovist's Niederlage.
Die Wenigen, die den römischen Kohorten entkommen, „mühten sich, auf ihre Kräfte bauend, den Strom zu durchschwimmen oder auf vorgefundenen Booten ihr Leben zu retten." Die Flüchtenden werden von der römischen Reiterei niedergehauen, nur eine Hundertschaft wird ausgespart, um im Triumphzug, den Rom für den Germanenbezwinger vorbereitet, mitgeführt zu werden.
Ariovist selbst kann zwar fliehen, aber er verwindet den Untergang seiner Macht nicht und stirbt wenig später. Die Trümmer seines Heeres kehren in die germanischen Wälder zurück.
Die Sueben sind zum zweitenmal von einer Erde vertrieben, die sie mit ihrem Blut gedüngt. Ganz Gallien ist zu einer römischen Provinz geworden, und niemand kann mehr daran denken, geschweige denn planen, in dieses von der Weltmacht Rom zum militärischen Glacis ausgebaute Gebiet einzufallen.
Nach Cäsars Tod, in der Regierungszeit des Kaisers Augustus, gärt es in Germanien erneut. Hermann der Cherusker hat aus der Niederlage des Ariovist gelernt. Er weicht vor den in das Stammesgebiet der Cherusker eindringenden Legionen Varus' zurück, lockt sie immer tiefer in die Wälder, und der Donnergott Donar läßt zur rechten Zeit endlose Wassermassen auf das schwer gepanzerte römische Heer niedergehen. Die Wege werden unpassierbar. Schlamm lähmt den Vormarsch der Legionen, und als endlich

im Jahre 9 n. Chr. die Cherusker aus dem Dickicht hervorbrechen, ist das Schicksal der Römer besiegelt. Die Schlacht im Teutoburger Wald gerät zu einer einzigen Metzelei. 25 000 Mann bleiben auf der Walstatt. Keine der untergegangenen Legionen 17, 18 und 19 wird je wiedererstehen. Augustus verfügt, daß nie mehr eine Legion diese mit Schmach bedeckten Nummern tragen darf.
(Dazu eine zeitversetzte Notiz am Rande: Victor v. Scheffel hat in der Schlußstrophe seines bekannten Bänkelliedes „Als die Römer frech geworden" den Ausruf Augustus' „Varus, Varus, gib mir meine Legionen wieder!" mit dem hübschen Reim glossiert:

*Sein deutscher Sklave, Schmidt geheißen,*
*dacht, ihn soll das Mäusle beißen,*
*wenn er sie je wiederkriegt,*
*denn was einmal tot daliegt,*
*wird nicht mehr lebendig.)*

Mit dem Sieg der Cherusker rückte das römische Kriegsziel, Germania magna, ähnlich wie Gallien, zu einer ins Imperium eingegliederten Provinz zu machen, in weite Ferne. Germanicus, Adoptivsohn des Tiberius, gelang es zwar, die Rheingrenze zu sichern, aber bei seinen verschiedenen Kriegszügen zur Rückgewinnung der seit der Schlacht im Teutoburger Walde verlorenen Gebiete, vermochte er nur Teilerfolge zu erringen. Die bis in die Wesermündung und in die Elbe eingelaufene Flotte der Römer mußte sich unter Verlusten wieder zurückziehen, ebenso wie das Landheer, das bis zur oberen Lippe vorgedrungen war, den Rückmarsch antreten mußte,

attackiert von germanischen Kampfgruppen, die aus dem Hinterhalt heraus operierten.
Von den Sueben ist in diesem Zeitraum wenig die Rede. „Das schreckliche Volk“ scheint, durch empfindliche Niederlagen deprimiert, endlich Ruhe zu geben. Die römische Geschichtsschreibung berichtet lediglich über gelegentliche suebische Beutezüge gegen Nachbarstämme, zu größeren Unternehmen ist das auf das Elbgebiet zurückverwiesene Volk offensichtlich nicht mehr fähig.
Aber kann man vor diesen ungeschlachten Gesellen wirklich sicher sein? Sie sind als notorische Wiederholungstäter bekannt, und um jede neue Überraschung auszuschließen, bauen die Nachfolger des Augustus im sogenannten Dekumatenland (abgabepflichtiges Zehntland) den Limes, der mit Kastellen, Wachtürmen und Palisaden bestückt, die in Grenznähe beheimateten Germanenstämme vor Angriffen abschrecken soll. Durch schlimme Erfahrungen gewarnt, richteten die Römer alle Anstrengungen darauf, den 550 Kilometer langen Wall vom Mittelrhein nach Hessen, durch Franken und Schwaben bis an die Donau südlich von Regensburg undurchlässig, unübersteigbar zu machen. An besonders gefährdet erscheinenden Abschnitten wird der Wall durch eine meterdicke, massive Mauer, dreieinhalb Meter hoch, gesichert. Zusätzlich wird ein Todesstreifen von 35 Kilometer Tiefe geschaffen, in dem keine Ansiedlung geduldet wird. Die Mauer ist die Grenzscheide zwischen Zivilisation und Barbarei. Hier, inmitten der sich friedlich verhaltenden keltischen Urbevölkerung die Römer mit ihren Familien,

*Ein frühgeschichtliches Meisterwerk: alemannische Goldfibel aus Trossingen.*

ihren gepflegten Villen, ihren Bädern und ihren Heiligtümern — dort das Germanenvolk in seinen primitiven Behausungen, dunkle Gottheiten verehrend, eine unheimliche Rasse, die im Blutrausch zu jeder Gewalttat fähig ist.

Der Limes beschert den in seinem Schutze lebenden Bewohnern des Hinterlandes vom Rhein bis zur

Donau ein volles friedliches Jahrhundert. Hin und wieder nur kommt es zu kleineren Geplänkeln im Vorfeld des Limes, doch jedesmal, wenn sie des hochaufragenden, waffenstarrenden Bollwerks ansichtig werden, machen die umherschweifenden Banden auf ihren schnellen Pferden kehrt und ziehen sich in ihre Wälder zurück.

Unmerklich, und von den Römern zunächst nicht wahrgenommen, verdüstert sich der Horizont. Um 200 n. Chr., lange vor Beginn der eigentlichen Völkerwanderung, geraten die zwischen Weichsel und Weser lebenden Völkerschaften aus ungeklärter Ursache in Bewegung. Sie verlassen, vielleicht aus Nahrungsgründen, vielleicht unter dem Druck östlicher Völker, die angestammte Heimat, um neue Siedlungsgebiete zu finden.

Jetzt erst treten die Alemannen ins Licht der Geschichte; 213 wird ihr Name erstmals erwähnt.

„Alemannen (lat. Alamanni)", stellt das Reallexikon der Germanischen Altertumskunde fest, „ist eine durchsichtige Namensbildung, und entspricht einem Hochdeutschen ‚Allmänner oder Allmannen'."

Folgt man dieser Definition, so spricht vieles dafür, daß die Sueben „unterwegs", auf der Suche nach neuem Land, Zuzug von einigen kleineren Volkssplittern und Stämmen erhielten. Alle Mannen, die Waffen tragen konnten, waren willkommen. Alle Mannen — der Name blieb. Ein Name von faszinierender Einfachheit, ein Sammelbegriff, den sich ein des Lesens und Schreibens unkundiges Volk selbst zulegte. Unüberhörbar darin die Aufforderung, diesem Bund wehrhafter Männer sich anzuschließen, sich einzureihen in den Zug derer, die aufgebrochen waren, neuen Lebensraum zu gewinnen.

Die römischen Grenzwachen, alarmiert durch das Auftauchen der Alemannen am Main, wurden eilends verstärkt, doch der befürchtete Angriff blieb zunächst noch aus. Die Führung der Alemannen hütete sich, mit der Hauptmasse blindlings gegen den Limes anzurennen. Man nahm Verbindung mit dem gleichfalls von seinen alten Wohngebieten aufgebrochenen Stamm der Chatten auf und einigte sich auf ein gemeinsames Vorgehen. Der Limes sollte gleichzeitig an verschiedenen Stellen angegriffen und im Sturme genommen werden.

Die beinahe generalstabsmäßige Planung der Aktion aus einem getrennten Bereitstellungsraum heraus läßt erkennen, daß die Germanen über die Rolle des militärischen Hilfsschülers hinausgewachsen waren.

Auf ein verabredetes Zeichen erfolgte im Jahre 213 der Angriff. Obgleich die Vorbereitungen der Gegenseite nicht verborgen geblieben sein konnten, wurde der Grenzwall auf breiter Front durchbrochen. Rom erkaufte den Rückzug der Angreifer mit Gold, und Kaiser Caracalla, versessen auf den Siegertitel eines Germanicus, setzte nach und schlug die Zurückweichenden an der oberen Donau. Nach diesem Sieg — der Feind war zwar für den Augenblick zurückgeworfen, aber keineswegs entscheidend geschwächt — stieg Caracalla, selbsternannt, zum Germanicus maximus auf, zum größten Germanenbezwinger. Im Vollgefühl seines Triumphes

begab er sich zur Kur nach Baden-Baden, dem römischen Aquae, und kehrte, als er die Wohltat der Thermen ausgiebig genossen hatte, nach Rom zurück. Wieder einmal durfte man die Alemannen-Gefahr für gebannt glauben.
Doch sie kamen wieder. Konsterniert vermerkte der Geschichtsschreiber Marcellius: „Obwohl das schreckliche Volk schon von den frühesten Anfängen durch mannigfache Unfälle geschwächt wurde, erstarkte es immer wieder so, daß man annehmen könnte, es sei in der langen Reihe der Jahre unversehrt geblieben."
In der Regierungszeit des Severus Alexander (222—235) ereigneten sich neue Überfälle, doch ernsthafter schien das Imperium durch den Aufstand der Sassaniden in Persien bedroht. Ein Teil der Limes-Besatzung wurde abgezogen und nach Persien verlegt, für die Alemannen das Signal, sogleich „mit allen Mannen" loszuschlagen und über den entblößten Limes hinweg bis zur Saar und Mosel und südlich bis ins Allgäu vorzustoßen. Die Bewohner der provinz-römischen Siedlungen fürchteten für Leib und Leben — und sie hatten allen Anlaß dazu, wenn man sicher auch von den Schilderungen römischer Geschichtsschreiber über das Wüten der Alemannen in dem von ihnen besetzten Gebiet einiges abziehen muß.
Eilkuriere überbrachten die Kunde von dem neuen Alemannen-Einfall nach Rom und Severus Alexander handelte. Er gab Befehl, alle Kräfte zusammenzufassen, um den Vormarsch des Feindes zum Stehen zu bringen, bis er selbst in Germanien eintreffe, die

Angreifer zu züchtigen. Der Kaiser rückte mit einem starken Aufgebot persischer Panzerreiter an, und wieder einmal — zum letztenmal? — gelang es, Obergermanien freizukämpfen. Kurze Zeit, nachdem die Nachricht von seinem Triumph in Rom eintraf, starb Severus Alexander den Tod der Cäsaren. Seine Soldaten, unzufrieden über den ausstehenden Sold, erschlugen ihn und seine Mutter in der Nähe von Mainz. Sie wählten einen Mann aus ihrer Mitte zum neuen Kaiser, den Thraker Maximus Thrax, und es scherte sie wenig, daß der Senat einen Gegenkaiser ausrief. Thrax, der erste „Barbar" mit den Insignien eines Cäsar, schlug sich erfolgreich mit den Germanen herum und auch er legte sich den Titel eines Germanicus maximus zu, wie denn überhaupt alle Kaiser, die den Oberbefehl in Germanien führten, den stolzen Beinamen eines Germanicus erwerben wollten. Konstantin der Große gar legte sich den Titel zu, ohne je germanischen Boden betreten zu haben.
Nach heutigen Maßstäben war der Kampf mit den verschiedenen germanischen Stämmen ein Guerillakrieg, der, je länger er währte, die Moral des römischen Heeres schwächte. Wohl gelang es, einzelne umherstreifende Trupps zu stellen und aufzureiben, doch die Hauptmasse der alemannischen Streitkräfte war nirgendwo zu fassen. Mit Teilsiegen mußte sich auch der Soldatenkaiser Thrax bescheiden, so bei Cannstatt, dem römischen Condistat, wo ein Kastell für eine Reitertruppe von 500 Mann bestand. Wahrscheinlich fielen bei diesem Gefecht im Jahr 233 auch jene zwei Brüder aus dem fernen Per-

sien, deren Grab eineinhalb Jahrtausende später freigelegt wurde; die Grabschrift nennt ihre Namen, ebenso wie in Offenburg den des Hauptmanns Valerius, der hier im Kampf gegen die Alemannen den Tod fand.

Um das Jahr 260 gelang der große Schlag. Die Alemannen erstürmten im Bund mit den Franken den Limes und setzten sich am Neckar und an der oberen Donau fest. Der deutsche Südwesten war für Rom verloren. Unter Kaiser Postumus wurden die noch in Obergermanien verbliebenen Truppen über den Rhein zurückgenommen, um wenigstens für Gallien, Spanien und Britannien einen Sicherheitskordon zu schaffen.

Die Limesbezwinger, vom Angriffschwung weitergetragen, brachen bis nach Oberitalien durch. Gallienus, der Sohn Valerianus', konnte ihnen schließlich bei Mailand Einhalt gebieten und sie zurückdrängen.

Aus dem Gebiet aber, das die Alemannen in Besitz genommen haben, sind sie ein- für allemal nicht mehr zu vertreiben. Das von ihnen dem römischen Reichsgebiet entrissene Land ist das erste und einzige, das seitdem nahezu unverändert Bestand hat.

## *II. Der Sturz des Jupiter*

Befriedet war die ganze Region nach dem Alemannensturm keineswegs. Der größere Teil des viele hundert Kilometer langen Limes war unversehrt. Die Römer verstärkten ihn durch den Bau neuer Kastelle, die Besatzung bestand aus Elitetruppen, die garantieren sollten, daß sich die Vorfälle, die sich nach der Landnahme der Alemannen abgespielt hatten, in dem noch in römischer Hand befindlichen Gebiet nicht wiederholten.

Es läßt sich nicht leugnen: die Alemannen hatten überall, wohin sie kamen, schlimm gehaust. Daß sie die Kastelle niederrissen, daß sie die Besatzung niedermachten bis auf den letzten Mann, gehörte zu den Kriegsbräuchen jener Zeit; auch die Römer unterschieden sich darin nicht von ihren Feinden. Über die militärischen Aktionen hinaus aber hatten die Alemannen in einer Weise gewütet, die den Ruf, der ihnen vorausging, noch übertraf. Sie legten die provinz-römischen Siedlungen in Schutt und Asche, vernichteten die Gutshöfe bis auf die Grundmauern, brachten die keltische Bevölkerung um, sie schonten nichts, was da noch atmete. Sie taten auch den toten Gegenständen Gewalt an. Die Götterstandbilder ei-

ner tausendjährigen Kultur wurden gestürzt, die Marmorstatuen Jupiters und Minervas zertrümmert, Bäder, Mosaiken und Vasen kurz und klein geschlagen, wertvolles Mobiliar und Hausratgegenstände in die Brunnen geworfen, aus denen sie von den Archäologen geborgen und mit unendlicher Sorgfalt wieder zusammengesetzt werden.
Ob und inwieweit die Zerstörung des alten römischen Aquae (heute: Baden-Baden) ausschließlich den Alemannen angelastet werden kann, ist bis heute nicht eindeutig geklärt. Natürlich legt die Schreckensspur, die sie überall hinterließen, die Vermutung nahe, daß sie auch an dieser Stelle keinerlei Hemmungen empfanden, den „römischen Tand" hinwegzufegen, die Götterstandbilder zu stürzen, die luxuriösen Römervillen mit den prachtvollen Mosaikböden zu plündern und die Bade-Anlagen zu zertrümmern. Dennoch fehlen schlüssige Beweise, die eine alemannische „Handschrift" bei diesem Zerstörungswerk bekunden könnten. Man hat in der Nähe von Ebersteinburg alemannische Reiterschwerter gefunden, auch Tongefäße, wie sie anderwärts in alemannischen Reihengräbern entdeckt wurden, doch im gesamten sprechen die spärlichen alemannischen Funde gerade in diesem Raum eher dafür, daß die römische Besatzung ohne größere Gegenwehr das Feld räumte.
Gänzlich unbewiesen ist die von einigen Amateur-Historikern behauptete Annahme einer großen Alemannenschlacht in dieser Gegend. Hätte eine solche tatsächlich stattgefunden, so müßten die um Baden-Baden und in der Rheinebene vorgenommenen Gra-

bungen Beweise in dieser Richtung erbracht haben. Demgegenüber deuten alle Anzeichen darauf hin, daß sich die Römer rechtzeitig über den Rhein und nach Süden absetzten, ohne sich auf größere Kampfhandlungen einzulassen. Dabei mag es ihnen nicht leicht gefallen sein, ausgerechnet ihr Aquae, einen der wenigen Orte im finsteren Germanien, in dem es sich leben ließ, aufzugeben und es diesen rohen Gesellen aus den Wäldern zu überlassen. Einem Volk, das keinen Bedarf an wohlig wärmenden Quellen hatte und nur darauf aus war, alles Land an sich zu reißen, das römischer Kulturboden war. Die sorglos-heiteren Tage von Aquae dahin, dahin auch — dem ewigen Jupiter sei es geklagt, die Freuden, die das Garnisonsleben einem altgedienten Legionär bescherte, der unter den römischen Adlern bis an das graue Meer im Norden gekommen war. Nun saßen die verdammten Alemannen im warmen Nest und ließen sich den Wein, den man rings auf den Bergen und Hügeln mit unendlicher Mühe angepflanzt hatte, durch ihre Kehlen rinnen.

Was die Römer nicht wußten: Die neuen Herren im Land verabscheuten feste Häuser, sie mieden Steinmauern „wie das Grab". Sie bauten sich eigene Häuser aus Holz und Lehm, möglichst weit vom Nachbarn entfernt. „Abgesondert und vereinzelt wohnen sie, wo ihnen Quelle und Ackerland zusagen", Tacitus war es schon aufgefallen, und an dieser Tradition hielten sie fest. In ihrer beinahe schon manischen Scheu, ließen sie die Ruinen der römischen Villen und Siedlungen verkommen, und bald überwucherte die Wildnis das ehedem blühende

Vorland in der Rheinebene, an der Donau und am Neckar, kehrten Wolf, Eber, Bär und Elen wieder.
Die Doppelbezeichnung der Römer für das wilde Volk Alamanni et Suebi stand für doppelten Schrecken. Die Anwesenheit der indogermanischen Kelten, die 500 v. Chr. über den Rhein gekommen waren, bezeugen als einzige ,,Überlebende" einige keltische Orts-, Flur- und Flußnamen wie Ammer, Neckar, Nagold oder Danubius (Donau). Einen keltischen Namen, abgewandelt aus Belanus, führt auch der Belchen im südlichen Schwarzwald, vermutlich in der Bedeutung von ,,Der Weißhaarige", ,,Der Schneegekrönte". Das Volk der Kelten selbst, tüchtige Bauern und Handwerker, das im Schutz der Pax romana friedlich gelebt hatte, war nach dem Alemanneneinfall ausgelöscht, dezimiert bis auf die Wenigen, die noch rechtzeitig flüchten konnten.
Obgleich die Alemannen nun über einen Raum verfügten, der ihre zu eng gewordene Urheimat an der mittleren Elbe an Ausdehnung und Fruchtbarkeit weit übertraf, erlagen sie in der Folge erneut der traumatischen italienischen Verlockung. Ihren für Rom bedrohlichsten Einfall wehrte Kaiser Aurelian in der Po-Ebene im Jahre 270 ab. Da man aber nicht sicher sein konnte, daß dieses unbezähmbare Volk nicht abermals gegen die Tore der italienischen Städte anrennen würde, umgaben sich viele von ihnen mit einem Festungsgürtel. Selbst in Rom wappnete man sich für alle Fälle. Der Kaiser befahl den Bau der nach ihm benannten Aurelianischen Mauer.

Die vorsorglich getroffenen Maßnahmen zahlten sich aus. Nur sieben Jahre nach der Lektion, die ihnen Aurelian erteilte, überkam die Alemannen wiederum der alte Wandertrieb, machten sie sich auf, das Land ihrer Sehnsucht mit Sax und Spatha, dem zweiseitigen langen Reiterschwert (heim)suchend. Zu gleicher Zeit faßten sie, den Rhein überquerend, auch in Gallien Fuß, doch nun war Rom der ewigen Germanenplage leid. Diesmal sollte das Imperium zum endgültig letzten Male vor den Eindringlingen gezittert haben.
Kaiser Probus trat ihnen mit seinen Legionen bei Ravenna entgegen, blieb den Zurückweichenden auf den Fersen und drängte sie über die Donau und die Schwäbische Alb zurück. Auf der Linie Hochrhein, Bodensee, Iller und Donau kam der Gegenstoß zum Stehen. Das Kriegsglück stand Probus auch in Gallien bei. Die dort eingefallenen Alemannen, von einem regulären Heer konnte man nicht reden, setzten sich vor der römischen Übermacht eilig über den Rhein ab. Die befreiten Gallier hatten zweifachen Anlaß, Kaiser Probus dankbar zu sein, förderte er doch tatkräftig den Weinbau vom Elsaß bis zur Burgundischen Pforte.
Für ein Jahrhundert herrschte ein trügerischer Frieden, der von den Alemannen genutzt wurde, die fruchtbaren Böden im Neckargebiet, in Oberschwaben und in der Rheinebene zu bestellen. Dickschädelig hielten sie an der überkommenen Bauweise fest; ideal für die Ansiedlung erschien ein Ort, von dem aus nach Möglichkeit kein anderes Gehöft zu erblicken war. Allmählich kam es denn doch zu

Streusiedlungen, aus denen sich Dörfer und Dorfgemeinschaften entwickelten. Die Gründungen dieser frühen Alemannensiedlungen haben es den Nachfahren leicht gemacht, ihre ursprünglichen Standorte zweifelsfrei zu bestimmen: wo immer ein Ortsname auf „ingen" endet, handelt es sich um frühalemannische Niederlassungen, während die -heim, -statt und -weil Orte jüngeren Datums sind, ebenso Namen mit den Endungen -dorf, -hausen, -stetten, -hofen, -weiler, -bach und -felden. Man findet vom Kaiserstuhl bis in die Heilbronner Gegend hunderte „ingen"-Dörfer, von denen sich manche in der Neuzeit zu respektablen Städten entwickelten, so Villingen, Schwenningen, Ettlingen, Reutlingen, Tübingen, Göppingen, um nur einige herauszugreifen.

Auffällig ist das relativ seltene Vorhandensein von „ingen"-Orten am Oberrhein, obgleich doch die Landkarte mit Fundorten alemannischer Reihengräber in diesem Gebiet geradezu gesprenkelt ist. Wahrscheinlich erklärt sich dieses Fehlen von „ingen"-Namen damit, daß den alemannischen Ursiedlern die Römer auf dem „drüberen" Rheinufer zu dicht auf dem Pelz saßen. Größere Ansiedlungen würden vielleicht den Appetit des einen oder anderen Kohorten-Anführers geweckt haben, einen Beutetrupp über den Strom zu schicken.

Es herrschte eine Art unerklärter Krieg. Auf die sich alle vier bis fünf Jahre wiederholenden Überfälle auf einzelne Stützpunkte der Römer antworteten diese mit Strafexpeditionen weit ins alemannische Hinterland hinein. Doch erst als sich die Alemannen um 350 anschickten, den Römern wieder einmal das Elsaß zu entreißen, wurde aus den begrenzten Feindseligkeiten ein „richtiger", beiderseits mit vollem Einsatz geführter Krieg. Bei Straßburg, Chalons und in der Nähe von Colmar erlitten die Germanenheere unter der Führung eines alemannischen Stammesfürsten mit Namen Chnodomar schwere Niederlagen. Nach Ariovist, dessen Stammeszugehörigkeit umstritten ist, taucht Chnodomar als erste namentlich bezeichnete geschichtliche Figur alemannischen Blutes auf. Seine Rolle wird in der römischen Geschichtsschreibung mit dem Satz abgetan, er sei gefangen genommen worden, nach Rom geschafft und daselbst gestorben.

Julian stellte die römische Rheingrenze wieder her, und Valentinian stieß 368 n. Chr. tiefer in das alemannische Hinterland, als dies seinen Vorgängern seit dem Fall des Limes geglückt war. Der römische Dichter Ausonius, der Valentinian bei diesem Feldzug begleitete, notierte, der Kaiser habe „die Alemannen über den Neckar und Ladenburg, (das gallorömische Lapodunum) und über die Donauquellen hinaus vertrieben". Auch habe man bei dieser Gelegenheit reiche Beute gemacht. Als er sein eigenes, sein schönstes Beutestück beschreibt, greift er gefühlvoll in die Saiten. Bissula heißt die Maid, die er sich aus dem oberen Donautal mitgebracht hat, ein holdes Suebenkind. Im Liebeszauber hebt Ausonius in einem mehrstrophigen Gedicht seinen Minnesang an:

> *„Bissula, drüben zu Haus, dort über dem eisigen Rheinstrom,*

*Bissula, die oft belauscht heimlich der Donau Quell;*
*Kriegsgefangene, dann frei vom Feind gelassen,*
*sie herrscht nun in dem Bereich des Mannes, dem sie der Kriegsgott geschenkt.*
*Wenn auch durch Latiums Gesittung ihr Wesen ein anderes geworden,*
*Blieb sie Germanin doch stets,*
*Augen blau, blond auch ihr Haar.*
*Zweifel erweckt bald die Sprache und bald die Gestalt meines Mädchens;*
*Hiernach wär' sie am Rhein, danach in Latium zu Haus.*
*Herzblatt, Wonne, Zeitvertreib, Liebe, Lust, Barbarenkind!*
*Und doch stellst du die Mädchen Latiums in den Schatten,*
*Bissula, gröblicher Name für ein zartes Mädchen,*
*Wohl etwas garstig für den, der ihn nicht gewohnt,*
*Doch Deinem Herrn gar lieblich.*
*. . . Wohlan denn, Maler,*
*Mische purpurne Rosen und mische Lilien,*
*Und die Farbe, die aus beiden wird,*
*eben die soll die Farbe ihres Angesichts sein!"*

Zwischen Sengen und Morden diese Klänge aus einer anderen, schöneren Welt, Zeugnis einer unsterblichen Dichterliebe! Durch eine glückliche Fügung blieb dieses Lied über die Urmacht der Minne, nie-

dergeschrieben in Ausonius' Gedicht „Mosella", der Nachwelt erhalten.
Der tiefe Einbruch Valentinians in das ehemalige Dekumatenland änderte im Effekt nichts an den seit der Erstürmung des Limes geschaffenen Verhältnissen. Die Alemannen konnten, obgleich in allen Schlachten der letzten Jahrzehnte geschlagen, mit der ihnen eigenen Zähigkeit ihren Besitz behaupten.
„Du wildes Alemannia", klagte der lateinische Geschichtsschreiber Sidonius Apollinaris, „trankest aus dem Rhein auf dem römischen Ufer, und zu beiden Seiten warst Du Übermütiger, Bürger und Sieger."
Mit Kaiser Gratian, der noch den glanzvollen Sieg bei Colmar errungen hatte, verabschiedete sich Rom aus Germanien, nachdem Gratian noch einen letzten Versuch unternommen hatte, die Alemannen zu vertreiben. Er setzte — bezeichnend für die zunehmende Schwächung der römischen Herrschaft — bevorzugt germanische Söldner ein, auf die mehr Verlaß war als auf die Legionen, die bei kleinsten, nichtigen Anlässen mit Meuterei drohten. Das Aufgebot germanischer Hilfstruppen vermehrte den Unmut der sich zurückgesetzt fühlenden Legionäre. Im Kampf gegen die Alemannen gab es Rückschläge, die Gratian zwangen, sich zurückzuziehen. Auf dem Rückmarsch wurde er von seinen Leuten ermordet.
Den unmittelbaren Anstoß, die römischen Truppen über die Alpen zurückzubeordern, gab eine Bedrohung, der gegenüber die Gefahr aus dem Norden

zweitrangig erschien. Von Osten heran bahnte sich eine neue, gewaltige Macht den Weg nach Europa: das Hunnenreich unter Attila, dem Fürsten der Wolga. Unter dem Hufschlag des hunnischen Reiterheeres sanken Völker und Staaten in den Staub. Attila zog beiderseits der Donau aufwärts, bei Basel überschritt er den Rhein, die römischen Besatzungen Galliens mußten sich bis zur Loire zurückziehen.

Das Entsetzen über den „Tyrannen des Weltkreises" einte im Augenblick der höchsten Gefahr Römer und Germanen. Der Gotenkönig Theoderich entsprach der Bitte Roms um Beistand, und in der Schlacht auf den Katalaunischen Feldern bereiteten die verbündeten Heere den Hunnen eine Niederlage in einer Schlacht, „gräßlich, vielfältig, haarsträubend, ausdauernd, wie keine zuvor geschlagen wurde" — so schildert sie der Gote Jordanes. Die Zahl der Toten in dieser Schlacht wird mit 160 000 angegeben.

Der Hunnensturm war abgewehrt, doch es mehrten sich die Anzeichen, daß das römische Weltreich seiner Auflösung entgegenging. Ein neuer Germanicus wuchs ihm nicht mehr nach. —

Die Römerzeit war in dem von den Alemannen in Besitz genommenen Raum von verhältnismäßig kurzer Dauer gewesen, verglichen mit den mittelmeerischen und kleinasiatischen Ländern, auch Galliens und Britanniens, auf denen die eiserne Faust Roms Jahrhunderte länger lastete. Auch Rhein, Mosel und die Provinz Rätien blieben römischer Verwaltung unterstellt, lange noch nachdem die Alemannen die Freiheit errungen hatten.

Bald nach 400 rückten sie über das von den Römern geräumte linke Rheinufer ins Elsaß und in die Nordschweiz ein. Um die Mitte des 5. Jahrhunderts erreichte die mit dem Begriff „Landnahme“ vornehm umschriebene Infiltration fremder Stammesgebiete ihren Abschluß, der von den Alemannen besiedelte Raum zugleich seine größte Ausdehnung. Er umfaßte das heutige Baden-Württemberg als Kernland, erstreckte sich nach Osten bis zu Iller und Lech, im Süden bis zum St. Bernhard und Gotthard, im Westen bis zu den Vogesen. Auf all diesen Territorien, die Kelten, Römer und Gallier bewohnten, machten sich jetzt die Alemannen breit. Und — es besteht Grund zu der Annahme, daß die Sieger mit den Bewohnern dieser Landstriche ebenso rüde umsprangen wie mit jenen, die sie nach dem Fall des Limes noch angetroffen hatten. Einige vorgeschobene Positionen, im Osten Passau, Aschaffenburg und Würzburg, im Westen Besançon und Langres, gingen zwar bald wieder verloren, aber noch um das Jahr 500 zeichnete der sogenannte Geograph von Ravenna auf seiner Landkarte Worms als zur Patria Alemanorum gehörend ein.
Die Alemannen hatten damit insgesamt den Siedlungsraum gewonnen, den sie im Mittelalter bis zum Ende der Stauferzeit inne hatten. Das ‚hic Suebiae finis‘, mit dem Tacitus einst den Lebensraum der Sueben im nördlichen Germanien beschrieb und eingrenzte, galt nun für das neue, größere Alemannien im Süden Deutschlands.
Und nun, im Gefühl des Sattseins, geschah das für die zeitgenössische Geschichtsschreibung ganz und

gar Unbegreifliche: das chronisch ruhelose Alemannenvolk legte die Waffen aus der Hand. Nach vielen Jahren unsteter Wanderschaft nun in gesicherten Grenzen lebend, kühlte das hitzige alemannische Blut merklich ab. Aus den Landfahrern, Plünderern und Landräubern wurden seßhafte Bauern, die die Erde mit einem Eifer bestellten, als hätten ihre endlosen Kriegszüge nur diesem einen Ziel gegolten: einmal eigenes Land unter dem Pflug zu haben. Sie kultivierten brachliegendes Ödland, rodeten Waldgebiete und setzten die noch von den Römern angelegten halbverfallenen Straßen wieder instand. Ent-

*Das sogenannte „Reiterle", ein alemannischer Fund aus Böckingen (Historisches Museum Heilbronn).*

lang des Rheins wurde die Vorhügelzone des Schwarzwalds für den Weinbau erschlossen. Wein, ursprünglich ein für alemannische Kehlen ungewohntes Getränk, begleitete nun jedes Mahl. Die Rebe, freundlichste und wertvollste Hinterlassenschaft der Römer, bewahrte den alten Feinden ein immerwährendes Angedenken . . .

Einst hatten die im heutigen Baden wohnhaften Germanen den Wein aus dem links-rheinischen Gebiet, dem Elsaß bezogen, wie Tacitus in seiner „Germania" berichtet. Warum aber, überlegten die auf den Weingeschmack gekommenen Alemannen, sollten die Reben, die drüben überm Rhein so prächtig gediehen, nicht auch auf der dem Rhein zugeneigten Flanke des Schwarzwalds reiche Frucht tragen? Ihre Erwartungen trogen nicht; mit jedem Herbst kamen durch neuangelegte, dem Wald abgewonnenen Flurstücke größere Traubenmengen in die Torkeln. Systematisch wurden weitere Weingärten angelegt, sodaß zur Zeit der Klostergründungen im 8. Jahrhundert eine ausgedehnte Rebfläche mit stattlichen Erträgen vorlag. Viele Weinberg-Schenkungen an die Klöster stammen aus dieser Zeit.

Freilich wäre es übertrieben, die Alemannen der Frühzeit als die ersten Viertelestrinker zu bezeichnen. Die gewaltigen Humpen, aus denen man trank, waren nicht für genießerisches Schlürfen geschaffen, die Trinksitten dementsprechend. Über den unmäßigen Durst der Germanen hatte ja schon Tacitus, ein wenig indigniert, berichtet. Wenn man Wein in die Kehle goß, so genoß man ihn, wie früher den Met, in vollen Zügen . . .

Wie die Alemannen um 500 n. Chr. lebten, wie sich der Stammesverband organisierte und eine Art Stammesbewußtsein entwickelte, ob es eine gemeinsame Kultur und Verfassung gab, darüber ist so gut wie nichts bekannt. Wir sind über das „Vorleben" des Stammes von Ariovist bis zur Erstürmung des Limes und den Einfällen nach Italien besser unterrichtet als über die zeitlich sehr viel nähere Epoche seiner völkischen Eigenständigkeit. Aus dieser geschichtslosen Zeit gibt es keine Aufzeichnungen aus römischen Federn. Mit den abziehenden Legionen hatten sich auch die Geschichtsschreiber in Sicherheit gebracht, die als aufmerksame Beobachter bis dahin nicht nur über die kriegerischen Ereignisse berichteten, sondern auch über Leben und Sitten der „Barbaren" überm Rhein. Am erschöpfendsten Tacitus in seiner Monographie „De origine et situ Germanorum". Die zuverlässigsten Zeugnisse über die Lebensweise der Germanen liefern römische Schriften, mit der Einschränkung, daß all das, was ihre Verfasser protokollierten, naturgemäß aus römischer Sicht erfolgte. So ist sicher in diesen auf die Nachwelt gekommenen Aufzeichnungen ein gut Teil römisch eingefärbt, andere wieder von der Absicht diktiert, den Feind vor den Augen der Welt zu diffamieren — eine Methode, die bis in unsere Zeit hinein mit psychologischem Raffinement geübt wird.

Wenn nun auch viele Schriftquellen nicht unbedingt als objektiv angesehen werden dürfen, so stünden wir, gäbe es sie nicht, mit unseren Kenntnissen über das Leben der Germanen vor einer weißen Wand.

Tacitus vor allem, dem glänzenden Stilisten und scharfsinnigen Beobachter, verdanken wir einen umfassenden Einblick in die Lebensformen und Kulte der verschiedenen germanischen Volksgruppen. Nach den Alemannen allerdings wird man bei ihm vergeblich forschen. Es gab sie nicht, noch nicht. Es gab zu seiner Zeit den Stamm der Sueben, nicht sonderlich verschieden von den übrigen germanischen Volksstämmen, auf die die Römer gestoßen waren.

Daß nach Tacitus die Berichte aus Germanien spärlicher fließen, erklärt sich aus dem Erlahmen der römischen Kaisermacht. Letzte Kunde geben die Schilderungen über den Feldzug Gratians, danach senkte sich die sogenannte „Dunkle Zeit" des Schweigens über das Alemannenland.

Wo aber die schriftlichen Quellen fehlen, reden die Steine und Gräber. Die reichen Gräberfunde — allein in Württemberg sind über 800 Gräberfelder bekannt — geben Aufschluß über die alemannische Bau- und Wohnweise, Kleidung, Bewaffnung, Schmuck, Handwerkszeuge und Hausrat. Die Ausgrabungsergebnisse erlauben ebensolche Rückschlüsse auf die soziale Gliederung, Landesbau, Wirtschaftsweise und Glaubensvorstellungen.

Die Signale aus dem Totenreich bestätigen, daß die Alemannen zur Zeit der Landnahme und ersten Niederlassung die römischen Siedlungen und Bauten gemieden haben. Die Reihengräber befinden sich fast immer abseits der verlassenen römisch-keltischen Wohnsitze. Desgleichen stützt das Vorkommen von Einzelgräbern aus der frühalemannischen

Zeit die Annahme, daß am Anfang der Besiedlung das Einzelgehöft stand. Erst allmählich rückte man näher zusammen, mußten größere Friedhöfe in der Nähe von Dörfern angelegt werden. Schwerpunkte der Siedlungsgebiete sind der Neckarraum, das Rhein-Main-Mündungsgebiet und der Breisgau. Hier, wo der Boden besonders fruchtbar ist, entstehen frühe „Ballungsräume". Bei Mengen und Tiengen finden sich augedehnte Reihengräberfelder aus dem 6. und 7. Jahrhundert, das spätrömische Kastell Basilia (Basel) liegt in einem dichten Geviert von Römergräbern und Alemannengräbern. Lage und Ausbreitung der Gräberfelder lassen die Phasen der alemannischen Landnahme erkennen. Sie zeigen an, wie sich die Alemannen vom deutschen Südwesten aus ins Elsaß und in die Schweiz hinein ausdehnen und nach Osten bis zum Ammersee.

Am sichtbarsten ist ihr Vordringen in der Schweiz zu verfolgen. Aus dem 5. und 6. Jahrhundert sind südlich und direkt nördlich des Rheins kaum Gräberfelder bekannt, bis dann plötzlich im 7. Jahrhundert ein merklicher Anstieg erfolgt — Beweis für die fortschreitende Durchdringung und Besiedlung des Landes durch den Zuzug alemannischer „Neubürger". Namentlich das Gebiet westlich des Bodensees wurde zur Einfallspforte in die Schweiz. Ursprünglich nur spärlich besiedelt — den Römern erschien die Gegend wohl zu kalt und unwirtlich — wird die Nordschweiz in den folgenden Jahren zu einem Zentrum des alemannischen Gebietes mit einer großen Zahl von Gräberfeldern.

Fundstücke aus dem täglichen und religiösen Leben gewähren Einblick in den bäuerlich geprägten alemannischen Alltag. So zeigen die Grabfunde die hauptsächlichen Arbeitsbereiche von Mann und Frau auf. Werkzeuge für den Mann sind Schlichtäxte, Meißel, Pfriemen, Sense und, in Weinanbaugebieten, Rebmesser, dazu, für den vergnüglicheren Teil des Tages, Trinkhörner in bemerkenswerter Vielfalt. Die Frau verfügt über Gerätschaften zum Spinnen und Weben, sie besitzt Nähnadeln, Schere und Schlüssel, dazu eine stattliche Anzahl von Holztellern, Holzschalen, Eimern, Bronzeschüsseln und Trinkgefäßen.

Besonders aussagekräftig, was die Wohnweise anbetrifft, sind die bei Oberflacht, in der Nähe von Tuttlingen, entdeckten, vollständig erhaltenen Gräber. In ihnen stieß man neben geschnitzten Särgen auf kunstvoll gedrechselte und verzierte Bettladen, Tische, Stühle und zahlreiches Holzgeschirr, außerdem wurden Textilien und Speisereste festgestellt.

Die Sitte der Grabbeigaben gibt uns einen wichtigen Fingerzeig über die herrschende soziale Gliederung des Stammes.

Die für die Reise in den germanischen Götterhimmel bestimmten Grabbeigaben richteten sich nach dem gesellschaftlichen Rang des Verstorbenen. Arm und reich unterschieden sich noch im Grabe. Hatte der Mann im Leben eine führende Stellung eingenommen, so erhielt er neben den obligaten Schüsseln mit Speisen auch seine Waffen, Sporen, Trense und Steigbügel mit ins Grab. Bisweilen wurden die Pferde, aufgezäumt, mit der Trense im Maul, neben ihrem Herrn beigesetzt, später oft geköpft. Auch zwei Männer, Mundschenk und Pferdeknecht, durften den Tod des Gebieters nicht überleben. Bei der Öffnung eines Grabes in Niederstotzingen im Donauraum wurden zu Füßen der drei Toten die Knochenreste eines Pferdes gefunden.

Für den Unterprivilegierten tat es eine einfache Gürtelschnalle oder ein Messer, hin und wieder auch Pfeil und Bogen.

Die gleiche Rangordnung wie bei den Mannen galt auch für die Frauen. Die Ärmeren erhielten Glasperlen und bestenfalls noch ein paar irdene Töpfe mit auf die Reise. Wer im Leben zu den Wohlhabenden gehört hatte, verraten Kleidungsstücke, Haarnadeln aus Bronze und Silber, Perlenketten, Goldringe, verzierte Schuhschnallen, Amulette und bronzebeschlagene Holzkästchen.

Unter den ,,sprechenden Amuletten'', die beim Freilegen von alemannischen Reihengräbern ans Tageslicht kamen, finden sich Donarskeile und durchbohrte Eckzähne als Sinnbilder männlicher Kraft, sowie Porzellanschnecken als Fruchtbarkeitssymbole. Eine historisch besonders bedeutsame Amulettkapsel wurde aus dem sogenannten Adelsgrab von Horbourg im Elsaß geborgen. Sie enthielt orientalische Gewürznelken und Räucherkerzen, ein authentisches Beweisstück, daß in einem nicht exakt zu bestimmenden Zeitraum nach der alemannischen Landnahme ein Fernhandelsverkehr mit außereuropäischen Ländern bestand.

Selbstverständlich legten die Angehörigen der Oberschicht Wert darauf, nicht in einem Reihengrab in einer Reihe mit Leuten aus der untersten Kaste beigesetzt zu werden. Ihre „gehobenen“ Bestattungsplätze lagen, deutlich abgesetzt von den Reihengräbern, außerhalb der Ortsfriedhöfe. Doch eines hatten die Standesbewußten dabei nicht bedacht: daß gerade diese exponierte Lage Grabräuber anlocken mußte. Hier winkte besonders reiche Beute. In gewissen Gegenden im bayerischen Teil des Reihen-

*Als älteste Darstellung Christi im alemannischen Siedlungsraum gilt das bei Sontheim an der Brenz gefundene Goldblattkreuz aus dem 7. Jahrhundert.*

gräberkreises wurden bis zu 80 Prozent der Gräber geplündert, unterschiedslos ob arm oder reich. Im südwestlichen Teil des Alemannenlandes hielt sich, weil exemplarische Strafen drohten, das Gewerbe der Grabräuber in Grenzen. Die überwiegende Anzahl der Gräber blieb unversehrt, nicht aber die berühmte und wahrscheinlich sehr reich ausgestattete Grabkammer von Sasbach. Der breite Grabschacht, den die Räuber aushoben, um an das tief angelegte Grab zu gelangen, läßt ahnen, daß die Frevler wußten, wo sie fündig werden würden.
(Hierher gehört auch ein dreistes Gaunerstück aus der frühalemannischen „Kriminalgeschichte", das durch die Archäologen aufgedeckt wurde. Sie legten in Rißtissen eine komplette Geldfälscherwerkstatt aus der Zeit um 200 n. Chr. frei, nach der die Römer vergeblich Ausschau gehalten hatten. In der gleichen Branche versuchten sich offensichtlich auch andere. So stieß man bei Grabungen in der Nähe von Rottenburg auf eindeutig gefälschte römische Denare. Die Münzen haben nur eine dünne Silberauflage, die den Kupferkern darunter kaschierte. Unverkennbar die Arbeit eines Spezialisten!)
Die so strikt eingehaltene Rangordnung im Reich der Totengöttin Hel spiegelt die Stammesgliederung im gesamten wieder. Unter der Adelsschicht als oberste Spitze folgten auf der sozialen Sprossenleiter die Freien, die Halbfreien und die Unfreien, bei den Letzteren handelte es sich um Knechte und versklavte Kriegsgefangene.
In den ersten schriftlichen Quellen um 800 wird eine weitverbreitete Grundherrschaft erwähnt, während

in den Dörfern vorwiegend Hörige leben, die verschenkt werden können, wenn es der Herrschaft beliebt. Neben vielen Grundherren gibt es nur wenige kleine Leute mit eigenem Grund und Boden. Die Adligen wohnen in großen, festen Häusern, die zum Teil auf den Grundmauern der Ruinen der römischen Villen errichtet sind. Vornehmstes Vergnügen und alleiniges Vorrecht der Herrschenden ist die Jagd, sind Festgelage, bei denen zu Wildbret, Geflügel und Fisch „immer noch eins" getrunken wird. Die Unfreien haben das Land zu bestellen und alle niederen Arbeiten zu verrichten.

Zumindest in diesem Punkt hatte man den Römern einiges abgeschaut . . .

Das Seßhaftwerden förderte das Familienleben. Eine rasante Bevölkerungszunahme setzte ein, die eine intensive Bewirtschaftung des Bodens erforderlich machte. Die biblische Forderung „Schwerter zu Pflugscharen" wurde zu gebieterischer Notwendigkeit; man wandte sich dem Ackerbau zu, mit einem Seitenblick auf die Franken, die in den landwirtschaftlichen Kenntnissen und Techniken den Alemannen weit voraus waren.

Das Anschwellen der Bevölkerungszahlen wirkte sich zunehmend auf die Ernährungslage aus. In den Siedlungsgebieten mit Wasser und guten Weidegründen wurde der Raum eng. In bisher unbesiedelten Landstrichen mußte neuer Boden urbar gemacht werden, u.a. in der Baar, im württembergischen Gäu, im Schwarzwald, auf der Schwäbischen Alb und im Raum Ulm-Heidenheim. Ein groß' Teil dieser Böden war karg und steinig, das Klima rauh, im

Ganzen keine Landschaft, die eine große Menge Volks zu ernähren versprach. Zögernd nur faßten die Neusiedler Fuß und sahen schon in den Jahren darauf die Getreidefelder im Wind wogen; die Schafe fanden auf der Hochfläche der Alb genügend Nahrung, und die Obstbäume und Beerensträucher bogen sich unter dem Segen des Sommers.

Das alemannische Reitervolk hatte einst das Land unter dem Hufschlag seiner Erde in Besitz genommen. Nun wurden die Pferde für die Landwirtschaft gebraucht. Eine weitverbreitete Pferdezucht ist archäologisch nachgewiesen; in Niederstotzingen, der Stätte des Dreiergrabes, stieß man auf Pferdeskelette einer Kaltblüterrasse und einer Rasse orientalischer Abstammung.

Über die Glaubensvorstellungen der Alemannen besteht Unklarheit. Ihre oberste Gottheit scheint, abweichend vom Glauben der meisten germanischen Stämme, nicht Wotan, sondern der Licht- und Kriegsgott Ziu gewesen zu sein. Ein Indiz für den Ziu-Kult könnte in den auf heidnischen Bildwerken oft wiederkehrenden Sonnenzeichen erblickt werden. Das in Wäldern großgewordene Alemannenvolk hing, wie die Forschung annimmt, einer Naturreligion an. Vor geheimnisvoll rauschenden Wasserfällen, tiefen Schluchten und Bäumen mit gespensterhaft ausgebreiteten Zweigen überkam die Mannen eine heilige Scheu, empfanden sie wesenhaft das Walten der Gottheit.

Die starke Verwurzelung im alten Götterglauben findet Bestätigung in dem zähen Widerstand der Alemannen gegen die Annahme des Christentums, zumal die Christianisierung von den ungeliebten Franken betrieben wurde. Die Alemannen vermuteten mit einem gewissen Recht, daß es den Franken nicht so sehr um die Ausbreitung des neuen Glaubens, sondern mehr um ihre Beugung unter die fränkische Reichsgewalt ging.

Die Missionare aus Irland und Schottland konnten mit Engelszungen reden, keiner mochte sie hören. Pirmin, der mit Billigung des Frankenkönigs Karl Martell auf der Bodensee-Insel Reichenau ein Kloster gründete, wurde aus dem Land gejagt und mußte froh sein, mit dem Leben davonzukommen. Genau so unwillkommen waren Pirmins Mitstreiter Gallus und Kolumban. Den Märtyrertod erlitten auf alemannischem Boden der hl. Landolin und der hl. Trudpert.

Die kantigen Altvorderen wollten nichts von christlicher Demut wissen. Donar, Wotan und Ziu, wilde Reckengestalten, standen ihnen näher, unter ihrem donnergewaltigen Schutz hatte man sich die neue Heimat erobert. Der Christenglaube war mit den Römern ins Land gekommen, unter den römischen Soldaten gab es viele, die den neuen Gott verehrten. Ausgerechnet zu deren Glauben sollten sich die Alemannen bekennen? Sollten sich bekehren lassen zu einer Lehre, die einen freien Mann verpflichtete, auch die linke Wange hinzuhalten, wenn ihn jemand auf die rechte schlug?

Mit derselben Hartnäckigkeit, mit der sie sich der Romanisierung widersetzt hatten, hielten sie am alten, heidnischen Götterglauben fest. Bei einem neuerlichen „Rückfallvergehen“ in ihre kriegerische Vergangenheit, dem Einfall von 533 nach Venetien, ließen sie ihrer aufgestauten Wut gegen die Christianisierungsversuche freien Lauf. Sie plünderten schonungslos alle christlichen Kirchen, im Gegensatz zu ihren fränkischen Verbündeten, den eigentlichen Anstiftern des Unternehmens. „Richtige Heiden“ nennt der fromme Geschichtsschreiber Agathias die Alemannen, heidnisch sei auch das ganze, von ihnen beherrschte Land, nur der Adel zeige eine gewisse Hinneigung zur christlichen Heilslehre.

Cuius regio — eius religio. Wenn die Herren den alten Gottheiten abschworen, konnten, durften auch die gemeinen Leute sich nicht länger sperren. Im 7. Jahrhundert sind die letzten Widerspenstigen bekehrt, wo's nicht anders geht, mit massiver Nachhilfe. In den um diese Zeit angelegten Gräbern findet man jetzt zunehmend christliche Grabbeigaben wie Goldblattkreuze und andere Schmuckgegenstände mit christlichen Heilszeichen. Noch immer blieben jedoch die alten Glaubensvorstellungen im Volk lebendig, wie das Nebeneinander von christlichen und heidnischen Grabbeigaben in den Funden von Wittislingen und Nordendorf zeigen.

In der zweiten Hälfte des 7. Jahrhunderts entstehen neben einzelnen Kapellen die ältesten Kirchen auf alemannischem Gebiet, wenig später die ersten Bistümer.

Der Sieg des Christentums verschaffte ohne Frage dem geschichtsmächtigsten germanischen Stamm, den Franken, ein entscheidendes politisches Übergewicht. Sie hatten sich als Verkünder und Wegbereiter der neuen Lehre in Szene gesetzt, sie hatten Thüringen, Bayern und Sachsen unterworfen und trafen nun Anstalten, die Alemannen unter ihre Botmäßigkeit zu zwingen. Wie diese hatten die Franken immer wieder in der Vergangenheit beharrlich versucht, italienisches Gebiet an sich zu reißen. Keineswegs entmutigt durch den 20 Jahre zuvor erlittenen Dämpfer rüsteten die Franken zu einem neuen Schlag — mit den Alemannen als Speerspitze! Ein Heerwurm von angeblich 75 000 Mann — eine Zahl, die Zweifel weckt — zog über die Alpen und gelangte unter zwei Anführern mit Namen Leuthari und Butilin bis an die Meerenge von Sizilien. Der lange Marsch, von vielen verlustreichen Gefechten begleitet, hatte das fränkisch-alemannische Heer zermürbt. Wieder einmal, zum unwiderruflich letzten Mal, scheiterte das Abenteuer einer germanischen „Landnahme“ in Italien. Der „Kuß des Südens“ hatte sich noch allemal als tödlich erwiesen.

## *III. Ein Herzogsmantel, rot von Blut*

Der durch die starke Bevölkerungszunahme diktierte Landesausbau machte Alemannien zu einem der dichtbesiedelsten Gebiete in Germanien.

Es waren, nach der Herder'schen Staatsphilosophie, alle Faktoren gegeben, ein national-alemannisches Zusammengehörigkeitsgefühl zu entwickeln, eine Nation zu bilden: Eine Menge Menschen, die die gleiche Sprache sprechen; eine Gesamtheit gleichberechtigter Bürger als Träger der Staatsgewalt (hinter „gleichberechtigt" wäre allerdings im Hinblick auf die sozialen Strukturen im Alemannen-Gebiet ein Fragezeichen zu setzen); eine historische Persönlichkeit mit ganz bestimmten, ihr allein eigenen Wesenszügen. Und, um dies noch hinzuzusetzen: „die Menge Menschen" lebten in einem im Aufschwung befindlichen Land mit guten Zukunftsaussichten.

Das einzige, was dem Land fehlte, war eine politisch gestaltende Kraft. Ohne eine beherrschende Figur ist große Geschichte nicht machbar. Während die Franken schon sehr früh unter Führung eines starken Geschlechts ihre Einheit fanden, wachten im Alemannenland kleine Gaufürsten und mächtige

Sippen eifersüchtig über ihre angemaßten Rechte, und waren nicht gewillt, sich irgendeiner gesamtverantwortlichen Gewalt zu unterstellen.
Es ist nicht auszuschließen, daß der Stamm aus sich heraus einen Akt politischer Willensbildung vollzogen haben würde, mit dem Ziel, eine übergeordnete, staatliche Ordnung herzustellen. Die „Schuldigen", die dies verhindert haben, sind bekannt. Sie heißen Chlodwig und Karlmann.
Der Merowingerkönig Chlodwig, im Raum zwischen Rhein und Ruhr geboren, war ein eminent politischer Kopf, verschlagen und skrupellos in der Verfolgung seiner Ziele. Er räumte zuerst mit den konkurrierenden fränkischen Kleinkönigen im eigenen Land auf, die er in bester Killer-Manier von gedungenen Mordkommandos umbringen ließ. Danach vernichtete er in der Schlacht von Soissons die noch in Gallien befindlichen Reste der römischen Besatzung. Der Sieg öffnete ihm den Weg nach Westen. In seinem strategischen Konzept war der Zusammenstoß mit den Alemannen vorprogrammiert. Sie mußte er besiegen, um Gallien vollständig in seine Hand zu bringen. Um jede Bedrohung der Grenzen seines Staates von der rechten Rheinseite her auszuschließen, genügte es nicht, Teile des Alemannenlandes zu okkupieren. Es mußte so eingeengt werden, daß die Alemannen allzeit den Atem des Feindes im Nacken spürten, sollte sie je die alte Lust ankommen, fremdes Land mit Krieg zu überziehen.
Das Konzept ging in allen Punkten auf. Chlodwig bereitete bei Worms den unter der Führung eines

dem Namen nach unbekannten Königs kämpfenden Alemannen die größte Niederlage ihrer Geschichte. Ihr König war in der Schlacht gefallen, die Reste des Heeres in voller Auflösung geflohen. Chlodwigs Triumph war so vollständig, daß er unbehelligt bis an die Alpen vorstoßen konnte. Er hätte den Besiegten in den Friedensbedingungen die totale Unterwerfung diktieren können, wäre da nicht der mächtige Ostgotenkönig Theoderich gewesen, der ein Aufgehen Alemanniens im fränkischen Herrschaftsbereich unmöglich akzeptieren konnte. Die Alemannen hatten sich rechtzeitig hilfesuchend an Theoderich gewandt, um sich seinem Schutz zu unterstellen, und die Sorge vor einer weiteren Machtausweitung des undurchsichtigen Chlodwig bewog Theoderich, vor dem Merowingerkönig die Rolle eines Schutzherrn der Alemannen einzunehmen.

Die Kräfteverhältnisse erlaubten es keinem der Beiden, ihre Ansprüche mit Waffengewalt durchzusetzen. Man einigte sich, für Alemannien eine Art Stammesgrenze festzulegen. Danach mußte der nördliche Teil des Landes einschließlich der alemannischen Siedlungsgebiete links des Oberrheins an die Franken abgegeben werden, der südliche Teil des rechts-rheinischen Alemanniens bekam den Status eines gotischen Schutzgebietes.

Die Kartographen der beiden hohen Vertragspartner müssen lange über der Landkarte gesessen haben, ehe sie sich, um jedes Zipfelchen Erde streitend, auf eine mit minutiöser Genauigkeit gezogene Linie einigten, die die Schwaben von den Franken schied. „Schwaben“ stand in der Übereinkunft pauschal für alle Bewohner des Alemannenlandes. Die Grenze zog sich vom Hesselberg, nördlich vom Ries = Raetia, über den Hohenasperg zur Hornisgrinde im Schwarzwald und von dort weiter, entlang der Oos, über den Rhein nördlich des Hagenauer Forstes bis zum Kamm der Vogesen. Die Alemannen hatten die fruchtbarsten und bewohntesten Gaue am unteren Neckar und am Main verloren; sie blieben für immer fränkisch, nur die Ortenau, die ursprünglich ebenfalls abgetreten werden sollte, wurde ihnen wieder eingeräumt.

Ein feines, dialekt-geschultes Ohr kann den Grenzverlauf noch heute, nach 1 500 Jahren, wie mit einem Geigerzähler „abhören". Die mundartlichen Verschiedenheiten, fränkisch beeinflußt hier, schwäbisch-alemannisch dort, sind deutlich wahrnehmbar. In den fränkisch-alemannischen Mischgebieten kam es naturgemäß auch zu einer Vermischung der Idiome.

Das Einverständnis der Betroffenen zu der neuen Grenzziehung war nicht erforderlich. Sie hatten das mit großen Gebietsverlusten verbundene Abkommen der Großen hinzunehmen und mußten froh sein, daß Chlodwig nicht noch ein zusätzliches Strafgericht über sie verhängte.

Immerhin sicherte der gotische Schutz dem Land eine gewisse Unabhängigkeit, und es blieben dem Alemannenstamm die Siedlungsgebiete erhalten, in denen heute noch seine Nachfahren wohnen: Württemberg mit Hohenzollern als Kernland, die südliche Hälfte Badens, das bayerische Schwaben, das Elsaß, die deutsche Schweiz und Vorarlberg. Es hatte kein Genocid und keine Vertreibung stattgefunden. Verglichen mit den Vorgängen, die sich bei der alemannischen Landnahme ereigneten, waren die dem Stamm auferlegten Bedingungen, bei aller Härte, noch human zu nennen.

Der für Alemannien vereinbarte Modus hatte freilich nur bis zum Ableben der Vertragspartner Bestand. Die Nachfolger Chlodwigs und Theoderichs,

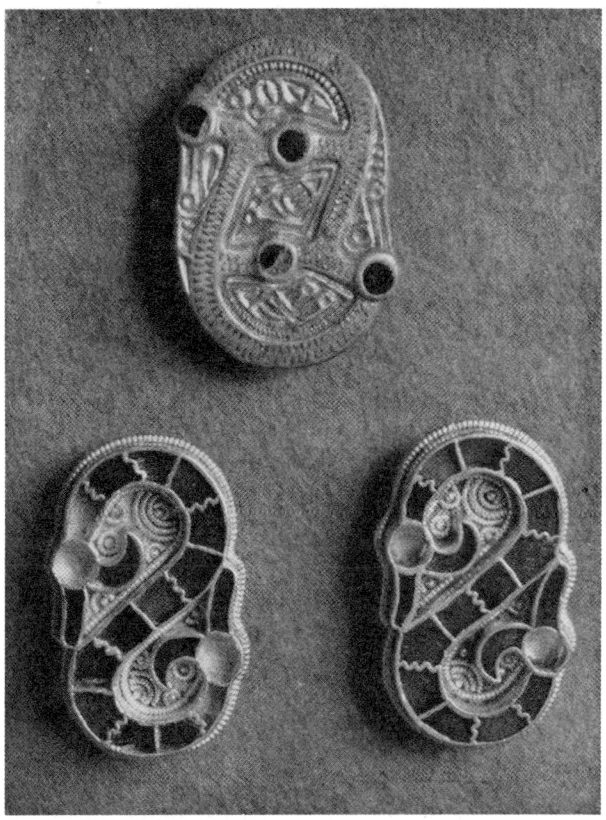

*Alemannische Fibeln aus Gönningen und Deißlingen, wie sie vielfach in Reihengräbern gefunden wurden.*

der Frankenkönig Theudebert und der Ostgotenkönig Witiges, schloßen einen neuen Vertrag, der Alemannien und Bayern den Franken zusprach, praktisch eine Einverleibung beider Gebiete ins Frankenreich, im besonderen aber ein schwerer Schlag für die Alemannen. Sie mußten Tribute zahlen, die fränkischen Amtleute besetzten alle wichtigen Stellen, sie waren einem vom fränkischen König eingesetzten Herzog untertan, der in den Reichskriegen den alemannischen Heerbann befehligte. Es blieb ihnen nur das zweifelhafte Vorrecht, die Reichssturmfahne voranzutragen.

Im fremden Land geschlagen, im eigenen dem Willen fremder Herren unterworfen, hatte es lange den Anschein, daß es diesem Volke bestimmt sei, ein Leben im Schatten der Geschichte zu führen. Mit dem Machtverfall der Merowinger jedoch änderte sich die Szene. Das politische Kalkül ließ es den Franken geraten erscheinen, im 6. Jahrhundert für das Gebiet Alemannien einen Amtsherzog aus dem einheimischen Adel einzusetzen. Sein unter fränkischem Protektorat stehender, aber doch weitgehend autonomer Machtbereich erstreckte sich von den Vogesen bis nach Augsburg und im Süden bis zum Engadin.

Diese unerwartete Wendung ließ die Alemannen ihr Selbstbewußtsein wiederfinden. Sie setzten in der Folge beim fränkischen Hof die Erhebung der Amtsherzöge zu erblichen Stammesherzögen durch, die als königliche Statthalter das Land regierten.

Lantfrit, der bedeutendste der alemannischen Herzöge, nutzte die Gunst der Stunde, als den Merowingern, geschwächt durch innere Wirren, ihre Macht mehr und mehr entglitt. Auf einer von ihm einberufenen Versammlung des alemannischen Adels wurde, aufbauend auf einem früheren Pactus Alamanorum, die berühmte Lex Alamanorum beschlossen.

Mehr als alle sonstigen Bekundungen läßt uns dieser in 53 Handschriften erhaltene Schrifttext Einblick in die inneren Verhältnisse des Alemannenlandes zu Beginn des 7. Jahrhunderts nehmen, von den Bestimmungen über die Rechte der Kirche bis hin in den familiären Bereich.

Rechts- und Ordnungsprinzipien bilden das Gerüst dieses Werkes. Seine Satzungen haben Gesetzeskraft. Ausführliche Bestimmungen regeln die Volksrechte und führen im einzelnen auf, was den Freien erlaubt und was verboten ist. Für Ehe- und Familienrecht, Erbrecht, Eigentum, Fehde- und Asylrecht gelten die in diesem einheitlichen Landesrecht niedergelegten Gesetze. Das Sühne- und Strafrechtssystem sieht schwere Strafen für Hochverrat und Landesverrat vor. Drakonische Strafen drohen auch dem, der sich an herzoglichen Besitztümern vergreift. Der überführte Täter muß das Geraubte dreifach ersetzen, darüber hinaus kann er Leib und Leben nur mit der Entrichtung eines Wergeldes freikaufen.

Das hohe Ansehen, in dem die Frau seit alters steht (Tacitus: „Die Germanen sehen in dem Weib etwas Heiliges"), drückt sich darin aus, daß eine Frau, der Unrecht geschehen ist, Anspruch auf das dreifache Wergeld hat, das der Übeltäter bei dem gleichen Delikt, wenn es sich „nur“ um einen Mann handelt, zahlen muß.

*Die Reichskrone aus Gold, besetzt mit Edelsteinen, vermutlich von Reichenauer Mönchen angefertigt. Die Krone befindet sich im Besitz der Schatzkammer Wien.*

In der Beschreibung der Machtstellung, die der Herzog nach dem neuen Landesrecht einnimmt, glaubt man die Handschrift Lantfrits als allgemein respektierter Führungsautorität herauszulesen. Der Herzog allein darf den Männern gebieten, kein Wort davon, daß er noch immer der Souveränität eines Königs untersteht, der ihn jederzeit absetzen, ja sogar verstümmeln lassen kann! Für Lantfrit sind dies alles Gesetze von gestern, von denen man keine Notiz zu nehmen braucht.

Zwischen den Zeilen der Lex Alamanorum artikuliert sich, noch verhüllt, ein aufkeimendes Verlangen, die fränkische Oberhoheit abzuschütteln. Unruhe gärt im Land, die Feindschaft gegen die fränkischen Karolinger, die die Gesamtregierung übernehmen, wächst. Die wachsamen Franken bemerken, daß sich im Alemannenland unter den allzu selbstherrlich gewordenen Herzögen Unheil zusammenbraut. Bevor es noch zum offenen Aufruhr kommt, hebt Karl Martell, nach dem Tode Lantfrits, kurzerhand das alemannische Herzogtum auf.

Doch Theutbald, der Bruder Lantfrits, läßt sich den Herzogsmantel nicht von den Schultern nehmen. Er schart eine ansehnliche Streitmacht um sich und fällt „mit Allen Mannen" ins benachbarte Elsaß ein, obgleich ihm bewußt sein muß, daß er mit diesem Stoß auf einen Lebensnerv des Gegners zielt. Für dieses selbstmörderische Unterfangen werden er und seine Getreuen teuer bezahlen. Den Franken gelingt es, nach schweren Kämpfen die alte Ordnung wieder herzustellen, doch die eigentliche Abrechnung steht noch aus.

Sie erfolgt im Jahr 746 auf dem Gerichtstag zu Cannstatt. Oberster Gerichtsherr ist der Hausmeier Karlmann, der Sohn Karl Martells und Onkel Karls des Großen. Der Schlag, den er zu führen beabsichtigt, ist gut vorbereitet. Man hat den gesamten schwäbischen Adel unter dem Vorwand, einen Landtag abzuhalten, nach Cannstatt eingeladen. Die Tagungsstätte auf der Altenburg über der Stadt ist mit Vorbedacht gewählt; sie ist, wenn Karlmann das Zeichen gibt, leicht zu umstellen, ein dichter Kordon von Soldaten wird dafür sorgen, daß niemand entkommt.

Bis auf Theutbald, der die Falle ahnt, ist der alemannische Adel vollständig vertreten. Über das, was sich am Schauplatz des Geschehens abspielte, gibt es einander widersprechende Darstellungen. Über die erste, die unglaubwürdigere, wird in den sogenannten Metzger-Annalen berichtet:

„Als Karlmann die Untreue der Alemannen sah, brach er mit dem Heer in ihr Gebiet ein und setzte einen Landtag fest an dem Orte, der Condistat heißt. Dort stand sich das Heer der Franken und der Alemannen gegenüber. Und es war ein großes Wunder, daß das eine Heer das andere ergriff und band ohne jede Gefahr. Diejenigen aber, die mit Theutbald die Führer gewesen waren in der Erhebung Odilos gegen die unbesiegten Fürsten Pippin und Karlmann, ergriff er und richtete sie unbarmherzig nach ihrem Verdienst."

Größerer Wahrheitsgehalt scheint in dem einen Satz zu liegen, mit dem die Reichsannalen die Ereignisse des Tages mehr beiläufig erwähnen:

„Als im folgenden Jahr die Alemannen gegen Karlmann ihre Treue brachen, rückte er mit einem Heer in großem Zorn in ihr Land und richtete mit dem Schwert die meisten derer hin, die gegen ihn aufrührerisch gewesen waren."
Über die Zahl der Opfer, die bei diesem Blutbad den Tod fanden, schweigen sich beide Berichte aus. Die Bräuche jener fernen Zeit (nur jener? . . .) lassen darauf schließen, daß die Henker ganze Arbeit leisteten. Nach der Liquidation fast des gesamten schwäbischen Adels und seines Gefolges verfügte Karlmann die Einziehung des herzoglichen Besitzes wie auch der Güter der des Treuebruchs bezichtigten Adelsfamilien, das Erbe aus dieser kalten Enteignung wurde zum karolingischen Krongut erklärt.
Karlmann wollte ganz sicher gehen. Er teilte Alemannien in fränkische Grafschaften auf, um jeder neuerlichen Konzentration politischer und militärischer Macht in der Hand eines Herzogs aus diesem unberechenbaren Alemannenvolk auszuschließen. Und da es seinen Kundschaftern gelang, den flüchtigen Theutbald aufzuspüren und festzusetzen, konnte er schon bald nach dem Cannstatter Blutgericht an den Königshof zu Aachen melden, aus Alemannien drohe dem fränkisch-karolingischen Haus hinfort keine Gefahr mehr.
Die gegen die Geschlechter der Hingerichteten verfügten Repressalien und die harte Faust der neu eingesetzten Gaufürsten taten das ihre, jeden Gedanken an einen organisierten Widerstand fallen zu lassen. Den Alemannen war für lange Zeit das Rückgrat gebrochen, wie es nachmals auch den Sachsen

durch Karl den Großen geschah. Die Blutoper, die der Onkel zu Cannstatt so erfolgreich inszeniert hatte, vollzog der Neffe in noch größerem Stil nach: er ließ 4 500 sächsische Geiseln bei Verden an der Aller niedermetzeln, „sodaß sich die Wasser des Flußes bis auf den Grund rot färbten, gar greulich anzuschauen.“

Mißt man den Erfolg nach dem beabsichtigten Zweck, so durfte auch Karl der Große mit Genugtuung feststellen, daß er kein besseres Ergebnis hätte erzielen können. Die Aktion an der Aller machte jede weitere Missionsarbeit überflüßig. Die Sachsen nahmen nun freudig das Christentum an und ließen sich ebenso freudig ins Karolingerreich eingliedern wie die Alemannen . . .

Nach Jahren strenger Herrschaft lockerten die in Alemannien eingesetzten fränkischen Großen ihr Regiment. Von dem befriedeten Land mit den braven Bürgern darin war nichts mehr zu befürchten. Es war mit der Zeit zu einem erträglichen Neben- und Miteinander von Schwaben und Franken gekommen, sodaß in einigen Grafschaften sogar wieder Edle aus alemannischem Geblüt eingesetzt werden konnten, linientreue selbstverständlich.

Viel zur Aussöhnung trug der Kaiser selbst bei, als er eine Alemannin, Hildegard, die Enkelin eines Alemannenherzogs, zur Frau nahm. Nun hatte Karl zwar zeitlebens eine übertriebene Hinneigung zum schönen Geschlecht, sodaß der Papst wiederholt bei ihm brieflich anfragte, ob er „von Sinnen sei“, aber seine Hildegard liebte er wirklich. Er hatte sie als Dreizehnjährige geheiratet, und mit achtzehn Jahren hatte sie bereits sechs Kinder von ihm. Sie schenkte ihm insgesamt in ihrer zwölfjährigen Ehe vier Söhne und vier Töchter, und als Hildegard im Jahr 783, nur 25 Jahre alt geworden, starb, war des Kaisers Trauer tief und echt. Allerdings wiederum auch nicht so groß, daß sie ihn daran gehindert hätte, noch im gleichen Jahr eine neue Gattin ins Schlafgemach zu führen. Zusammengenommen

*Feinziselierte alemannische Goldbrosche aus Heidenheim.*

zeugte Carolus magnus in vier Ehen, elf Kinder, nicht gerechnet die vielen anderen, die aus seinen zahlreichen Liebschaften hervorgingen. Karl der Große verdiente auch auf diesem Gebiet seinen Beinamen zu recht!

Liutgard, seine vierte und letzte rechtmäßige Gattin, holte er sich wiederum aus dem Alemannenland. Einige Historiker haben in den beiden alemannischen Eheschließungen einen Hinweis für die vollzogene Gleichstellung des alemannischen mit dem fränkischen Reichsteil sehen wollen. Ob und inwieweit diese Annahme bei der Verteilung der Gewichte und der durch Generationen verfestigten fränkischen Dominanz zutrifft, bleibt offen.

Verbürgt ist hingegen, daß der im fernen Aachen residierende Kaiser beim Alemannenvolk in hohem Ansehen stand. So wurde ein mit Tusche gefertigtes Bildnis Karls in eine spätkarolingische Übertragung der Lex Alamanorum in den Text als Illustration mitaufgenommen. Das Dokument, mit dem der Kaiser selbst nicht das geringste zu tun hatte, erhielt auf diese Weise indirekt das kaiserliche Siegel aufgedrückt, gleichsam als eine Bestätigung der alemannischen Volksrechte. Das Dokument wird im Kloster Weißenau bei Ravensburg aufbewahrt.

Alemannien hatte sich zu einem soliden Bestandteil des Reiches mit eigener, stammesbedingter Ausprägung entwickelt; politisches Mitspracherecht besaß es nicht. Karl der Große gebot über ein Reich, das Regnum Europae, von der hundertfachen Größe Alemanniens. Die Verwaltung dieser riesigen Machtsphäre nahm Karl vorwiegend in eigener Person wahr. Eginhart, sein berühmter Biograph, weiß zwar von Beratern zu berichten, auf die der Kaiser — wenn er wollte — hörte, ein alemannischer Name ist nicht darunter. Aber das Gebiet um den Bodensee erfreute sich des besonderen Patronats des Kaisers. Unter dem Schutz seiner Macht konnte die iroschottische und die anglikanische Mission die Klöster St. Gallen und Reichenau auf der christlichen Insel im Gnadensee gründen. Ein blühendes Klosterleben entstand, und erstmals leuchtete die Schönheit alemannischer Poesie in der Sprache Notkers, des Mönchs und Lehrers an der Klosterschule in St. Gallen, auf. Notker, „der heilige Dichter", auch teut — der Deutsche genannt — entstammte einem thurgauischen Adelsgeschlecht und war einer der gelehrtesten Männer seiner Zeit. Seine Übersetzungen aus dem Lateinischen gelten als die bedeutendste deutschsprachige Leistung der Frühe.

Von den geistigen und kulturellen Ausstrahlungen der Klöster um den Bodensee wird noch zu reden sein. —

Der Tod Karl des Großen leitete das Ende des karolingischen Imperiums ein. Unter seinen Nachfolgern sollte die Entwicklung eine ungeahnte Richtung nehmen. Sie wies dem Völkchen im Süden des Reichs, das nur in seltenen Augenblicken Herr seiner eigenen Geschicke gewesen war, eine gänzlich unvorhersehbare geschichtliche Dimension zu.

Als ungewollte Förderer dieser Entwicklung schrieben sich, wenig ruhmvoll, der von Karl dem Großen zu seinem Nachfolger bestimmte Ludwig der Fromme, und dessen Söhne Lothar und Ludwig ins Buch der

Geschichte ein. Ludwig der Fromme, ein Sohn der alemannischen Hildegard, vermochte sich nicht aus dem Schatten der Statur seines Vaters zu lösen. Er überwarf sich wegen der von ihm getroffenen Erbfolge mit seinen Söhnen. Sie zogen gegen ihn zu Felde, besiegten ihn auf dem Lügenfeld bei Colmar und setzten ihn eine Zeitlang im elsässischen Marlenheim gefangen. Nach der Wiedereinsetzung des von der Kirche gegängelten Vaters bekriegten sich die Söhne, zu denen jetzt auch noch die jüngeren Brüder stießen, wechselseitig.

Der Zeitpunkt war abzusehen, an dem dieses würdelose Trauerspiel zum Verfall der fränkischen Reichsgewalt führen würde.

Im Jahre 843, nur dreißig Jahre nach dem Tod Karl des Großen, zerbrach das Frankenreich, dessen mächtigste Figur als Carolus magnus, als Charlemagne und als Carlo magno über die Völker vom Ebro bis zur Nordsee, vom Atlantik bis zur Elbe, geherrscht hatte. Im Vertrag von Wirten (Verdun) wurde die Teilung des Reiches unter die verfeindeten Brüder beschlossen. Ludwig der Deutsche erhielt das rechts-rheinische Ostfranken, dazu auf der linken Rheinseite die Weingaue Mainz, Worms und Speyer — proper vini coptiam. Westfranken fiel an Karl den Kahlen und für Lothar wurde ein italienisch-lothringisches Mittelreich geschaffen, dem auch das Elsaß angegliedert wurde. „Jeder in der Sprache der anderen" sprachen die Soldaten Ludwig des Deutschen und Karl des Kahlen auf der Metzerwiese die Straßburger Eide und besiegelten damit die Sprachgrenze.

Der Mittelstreifen von Rom bis zur Nordsee fiel Lothar zu und wurde nach erneuter Teilung im Jahre 855 für Lothar II. Lotharii regnum (Lotharingen, Lorraine) benannt. Schon nach kurzer Zeit brach die nicht lebensfähige Konstruktion des Mittelreiches in sich zusammen. Im holländischen Meersen (870) wurde eine neue Gebietseinteilung beschlossen, die vor allem die Alemannen beiderseits des Rheins wieder zusammenbrachte. Das Elsaß mit dem deutschen Teil Lothringens kehrte ins Reich Ludwig des Deutschen zurück. Im Westfrankenreich verschmolzen Franken, Romanen und Kelten in kurzer Zeit zum Franzosenvolk, während sich der Prozeß der Volkwerdung der Deutschen noch lange, allzulange hinschleppte.

Im gleichen Maße, wie das Haus der Karolinger verfiel, strebten die in der fränkischen Vergangenheit niedergehaltenen deutschen Stämme eine größere Selbständigkeit an. Ludwig das Kind, ein rührend unfertiger Knabe, der mit 18 Jahren starb, regierte nur dem Namen nach. Für ihn leitete sein Vormund, der tatkräftige Erzbischof Hatto I. von Mainz, vormals Abt auf der Reichenau und von Ellwangen, die Geschicke des Reiches. Aber auch er konnte nicht verhindern, daß die Stammesherzogtümer Franken, Sachsen, Bayern und Lothringen neu erstanden. Als letztes das Herzogtum Schwaben, das im Hochmittelalter für dreieinhalb Jahrhunderte führende Haus im deutschen Raum.

Die Hintergründe sind heute kaum mehr aufzuhellen, weshalb Schwaben — die Bezeichnung Alemannien wurde immer seltener gebraucht und ging schließlich völlig unter — erst nach einer blutigen Fehde einen Herzog küren konnte. Der gekoppelte Widerstand von Staatsmacht und Kirche gegen die Bildung eines alt-neuen Stammesherzogtums im Südwesten des Reichs mutet umso unerklärlicher an, da man doch tatenlos die Wiederaufrichtung der Herzogtümer in den anderen deutschen Gauen hingenommen hatte. Schwaben wurde offenkundig als Sonderfall betrachtet. Es bestand immerhin die Möglichkeit, daß das zu einem Machtfaktor gewordene ehemalige Alemannien zusammen mit dem wiedergewonnenen Elsaß aus dem Reichsverband ausscheren könnte, wodurch eine offene Flanke in der Grenzmark am Oberrhein entstehen würde. Ohnehin stand, verursacht durch die massiv ausgeübte fränkische Zentralgewalt in der Vergangenheit, die Reichstreue der Alemannen auf recht unsicherem Grund. Erzbischof Salomon III. von Konstanz, Kanzler unter Ludwig dem Kind, kannte seine Landsleute! Keinesfalls durfte einer der beiden Brüder Erchanger und Berchtold aus der Bertoldsbaar Herzog werden, unsichere Kantonisten alle beide. Die streitbaren Oberhirten zu Mainz und Aachen, immer bereit, Mitra und Krummstab gegen Schwert und Harnisch zu tauschen, wählten nach dem Tode Ludwigs, des letzten Karolingers, Konrad I. zum König, just einen Schwager der beiden Brüder, die nach der Herzogswürde strebten. Den neuen Herrscher störten die verwandtschaftlichen Bindungen wenig. Er setzte die beiden Brüder, die sich auf dem Hohentwiel verschanzt hatten, fest und ließ sie — Auftrag ausgeführt! — in Ötlingen bei Kirchheim und Teck hinrichten.

Angesichts der Ungarn- und der Normannengefahr, die das Reich im Osten wie von Norden her zu gleicher Zeit bedrohte, schien es Konrad und den geistlichen Oberhirten endlich aber doch geboten, den Widerstand gegen ein Wiedererstehen des alten Herzogtums Schwaben aufzugeben; vereint mit den anderen Stammesherzogtümern sollte es als Bollwerk der Verteidigung gegen die fremden Heerscharen dienen. 917 wurde zum Geburtsjahr des Herzogtums Schwaben unter einem, dem Kronrat genehmen Herzog Burkhard I. aus dem Geschlecht der Markgrafen von Chur/Rätien. Er war der erste in der langen Reihe schwäbischer Herzöge, die ihrem Land zumeist gnädige Herren waren. Allerdings: „original schwäbisch-alemannischer" Herkunft war keiner von ihnen. Die Karolinger, die Ottonen und die Salier spielten das einträgliche Herzogtum Schwaben jeweils den Mitgliedern ihrer Häuser zu. Erst im Jahre 1079 sollte sich zum erstenmale wieder ein „richtiger" Schwabe mit dem Herzogstitel schmücken.

Lange vor dessen Berufung war durch die im Jahre 921 von Kaiser Heinrich I. verfügte Erweiterung des Herzogtums Schwaben zum „Herzogtum Schwaben und Elsaß" das Land zum ersten unter den anderen deutschen Stammesherzogtümern aufgerückt. Noch allerdings deutete nichts darauf hin, daß die Geschichte für die Herren von Schwaben die Insignien der höchsten Macht im Heiligen Römischen Reich Deutscher Nation bereit hielt.

## *IV. Die epoca suebica*

Die Frage stellt sich, ob es erlaubt, ob es historisch begründet ist, das Geschlecht der Staufer als einen der alemannischen Großfamilie zugehörigen Zweig zu bezeichnen. Es gibt Fakten, die dafür, es gibt manche, die dagegen sprechen.

Ginge es allein um Herkunft und Stammsitz, so genügte der Hinweis, daß der erste Staufer, ein Herr von Büren, aus einem rings von „ingen"-Orten umgebenen schwäbisch-alemannischen Kernland stammt. Sein genauer Geburtsort ist zwar unbekannt, doch darf es als erwiesen gelten, daß er innerhalb des Gebiets der drei Kaiserberge Rechberg, Stuifen und Staufen lag. Irgendwo dort, wo sich mit breitem Ellbogen auf schwäbischem Boden der Hohenstaufen erhebt, im Umkreis von Rems und Fils ist der Geburtsort des ersten geschichtlich bekannten Staufers zu lokalisieren. Das kleine Wäscherschlößchen bei Wäschenbeuren in der Nähe von Göppingen, das lange Zeit als Wiege der Staufer angesehen wurde, scheidet aus; es wurde erst 1230 erbaut, als Kaiser Friedrich II. längst schon im fernen Palermo residierte. Immerhin schließt jedoch die historische Forschung nicht aus, daß das Schlößchen über der

Stelle errichtet sein könnte, an der einst die eigentliche Stammburg stand und Friedrich von Büren dort zur Welt kam.
Ein Fragezeichen bleibt. Und auch die durch den Namen Hohenstaufen vorgegebene Vermutung, der mächtige Bergkegel müßte der Sitz des Geschlechts gewesen sein, täuscht. Die Burg wurde nachweislich erst um 1085 durch Friedrich, den ersten Herzog von Schwaben, erbaut. Erst von diesem Zeitpunkt an nannten sich die Herren von Büren nach der stolzen Burg, die das Land weithin sichtbar beherrschte.
Der erste, uns bekannte Friedrich lebte etwa in den Jahren 1025—1095. Sein Hausgut lag im Innerschwäbischen, dem Stammland der anderen großen Herrschergeschlechter des Hohen Mittelalters. Neben den Staufern kommen noch die Welfen, die Zollern und die Zähringer aus diesem Raum. Friedrich von Büren verstand es, auf eine nicht mehr festzustellende Weise, sein schwäbisches Hausgut durch einen stattlichen Streubesitz im Elsaß zu vermehren. Ihm gehörten Teile des Heiligenwaldes bei Hagenau sowie ausgedehnte Ländereien bei Schlettstadt.
Es war kein kleiner Niemand aus dem Schwabenland, der sich vermaß, um die Hand einer der hohen Frauen jener Zeit, der Hildegard von Egisheim, anzuhalten. Hildegard, Gräfin von Egisheim, einem kleinen, geschichtlich indessen hochbedeutsamen Örtchen in der Nähe von Colmar, entstammte einem reich begüterten Geschlecht. Mit ihr, durch ihre Heirat mit Friedrich von Büren sollte der Aufstieg der Staufer beginnen.

*Das auf wundersame Weise erhaltene Abbild der Hildegard von Egisheim oder deren Tochter Adelheid.*

Elsaß und Schwaben, zu einem Herzogtum vereinigt, waren ureigenstes Alemannenland. Unter diesem Aspekt mag die Frage, ob denn die Staufer „von Hause aus" rechtens als Alemannen einzustufen sind, müßig erscheinen. Dennoch gibt es in ihrer glanzvollen Geschichte einige Markierungspunkte, die in eine andere Richtung weisen.

Zunächst aber ist es geboten, bei der zu ihren Lebzeiten fast heiligmäßig verehrten Gestalt der Hildegard von Egisheim zu verweilen. Ihr Bildnis (möglicherweise kann es sich hierbei auch um ein Abbild ihrer Tochter Adelheid handeln) ist durch einen aufsehenerregenden Fund auf die Nachwelt gekommen. Als im Jahre 1892 die von Hildegard gestiftete und zu ihrer Grablege bestimmte Kirche St. Fides in Schlettstadt restauriert wurde, fand man in einer Kalkschicht aus dem 12. Jahrhundert den Abdruck eines Frauenantlitzes von beseelter Schönheit. Man goß die Hohlform aus, und auf die wundersame Kunde hin, versammelte sich eine große Volksmenge vor der Kirche. Viele sanken in die Knie, glaubten sie doch, „die Spuren eines leibhaftigen Engels zu sehen, der einstens auf Erden geweilt." (Wiedergabe der in der Humanisten-Bibliothek von Schlettstadt aufbewahrten Büste auf S. 81).

Alle Anzeichen sprechen dafür, daß die Tote ein Opfer der Pest wurde. Sie wurde eiligst in einen Holzsarg gelegt und mit ungelöschtem Kalk übergossen, eine bei Pestopfern übliche Art der Bestattung.

Ob es sich bei der Toten von St. Fidelis wirklich um Hildegard oder um deren Tochter handelt, vermag nach 700 Jahren nicht mehr einwandfrei geklärt zu werden, ist im Grunde auch unerheblich. Tatsächlich haben wir in dem Frauenbildnis das einzig reale Antlitz eines Menschen aus dem Mittelalter vor uns, das in der stummen Gebärde des geneigten Hauptes jede feinste Linie lebendig bewahrt.

Die eigenen Besitzungen des Friedrich von Büren im Elsaß und in Schwaben, vermehrt durch die Güter und Ländereien aus der Ehe mit Hildegard, trugen

*Der Dom zu Speyer, in dessen Kaisergruft auch Rudolf von Habsburg begraben liegt.*

ihr Teil dazu bei, Friedrich über die Statur eines einfachen Landedelmannes hinauswachsen zu lassen. Es gab dutzende Grafschaften, die sich, am Besitzstand derer von Büren gemessen, recht bescheiden ausnahmen, und es war nur mehr eine Frage der Zeit, bis die Nachkommen Friedrichs durch königliche Huld einen Platz unter den Großen des Reiches einnahmen. Die Söhne ernteten, was der Vater gesät, jeder von ihnen stieg zu Rang und Würden auf. Otto wurde Bischof von Straßburg, Ludwig Pfalzgraf bei Rhein und Konrad zählte zum engeren Gefolge und Freundeskreis Heinrich IV.

Am höchsten erhoben aber wurde der Sohn, der den Namen des Vaters, Friedrich, trug. Der Kaiser zeichnete ihn in Regensburg als „tüchtigsten der Männer" aus, mit dem ausdrücklichen Hinweis auf das unerschrockene Eintreten Friedrichs für seinen Kaiser in den Jahren des Streites mit Papst Gregor VII. und in dem Machtkampf um die Krone mit dem Gegenkönig Rudolf von Rheinfelden. Die Dankesworte Heinrich IV. hat Bischof Otto von Freising festgehalten:

„Wackerer Mann, den ich vor allen immerdar als den treuesten und tapfersten erfunden habe, du weißt, wie im Römischen Reiche die Frevel überhand nehmen, wie durch des Teufels Einwirkung empörerische Verbindungen für heilig gelten, während Gottes Gebot, die Obrigkeit zu ehren, verachtet und mit Füßen getreten wird. So wie bisher, kämpfe auch künftig gegen dieses verderblichste aller Übel, und als Beweis, wie sehr ich deine früheren Verdienste anerkenne und den künftigen vertraue, gebe ich dir meine einzige Tochter Agnes zum Weibe und das Herzogtum Schwaben zur Mitgift.“

Agnes, des Kaisers Töchterlein, zählte 15 Jahre, und um das standesgemäße der Verbindung vor aller Welt zu unterstreichen, erhielt Friedrich den Titel eines Herzogs von Schwaben, den bis dahin der nun besiegte Rudolf von Rheinfelden getragen hatte. Aber gleich wie sein kaiserlicher Schwiegervater einen Gegenkönig hatte, der ausgeschaltet werden mußte, traf Friedrich in Berthold II. von Zähringen auf einen Gegenherzog, der Titel und Herzogtum für sich beanspruchte. Heinrich IV. konnte schließlich den Zähringer bewegen, auf das Herzogtum Schwaben zu verzichten. Zum Ausgleich erhielt er, unter Beibehaltung des Herzogtitels, das Reichslehen Zürich, einen wichtigen Eckpfeiler des Herzogtums Schwaben.

Mit wachem Gespür für die jetzt seinem Hause angemessene Dimension bestimmte der junge Herzog Friedrich I. von Schwaben den massigen Hohenstaufen zum Sitz seines Geschlechts. Die hochragende Burg, die er auf der Kuppe des Berges errichten ließ, erschien wie eine steinerne Vorahnung, daß das schwäbische Herzogshaus der Staufer von 1139 an die deutschen Könige und Kaiser Konrad III., Friedrich I., Barbarossa, Heinrich VI., Philipp von Schwaben und Friedrich II., den mächtigsten Herrscher des Abendlandes, stellen würde.

Vom Zeitpunkt des Baus der Burg an gleitet der Name Büren sacht aus dem Gedächtnis der Mitwelt. Der Herzog und alle seine Nachfahren nennen sich nach dem Hohenstaufen, der die Burg trägt. Und so wie der Name Büren untergeht, verweht auch der Name des Landes, dem sie alle entstammen, die Staufer, die Zollern, die Welfen und die Zähringer. Gewollt oder ungewollt — Alemannien wird unter der Aera der neu aufkommenden Herrschergeschlechter zu einem fernen Fabelreich, so, als hätte es nie einen Stamm dieses Namens gegeben, nie einen gemeinsamen Siedlungsraum. Für das alte Alemannien steht von nun an der bedeutungsgleiche Name Schwaben.

Das Herzogtum ist bis auf einige Randgebiete deckungsgleich mit dem alten Alemannenland im Frankenreich, es wohnen noch immer Menschen gleichen Blutes in dem Gebiet, das von Augsburg über den Rhein hinweg bis nach Lothringen und im Süden bis ins Engadin reicht. Aber keine der neuen Dynastien berief sich auf das alemannische Stammeserbe, auf eine gemeinsame Tradition. Vielleicht liegt hier schon einer der Keime für die spätere, recht schmerzlos vollzogene Verselbständigung und Ausgliederung weiter Landesteile.

Unter den ersten Staufern zeichnet sich eine eher gegenläufige Entwicklung ab. Als unermüdliche Städtegründer und Burgenbauer gingen sie darauf aus, ihre Hausmacht durch einen tatkräftig betriebenen Landesausbau zu festigen und zu mehren. Von einem der ihren, „Friedrich Einaug", berichtet die Chronik, er habe „am Schwanz seines Pferdes stets eine Burg hinter sich hergezogen." Für die Burgenbauerei, die uns Heutigen als kostspielige Marotte erscheinen mag, gab es gute Gründe. Ein Kranz von wehrhaften Burgen bot Schutz und Zuflucht vor Feinden, nicht nur für die Regierenden, sondern auch für die Bevölkerung. Die staufischen Herzöge, denen es vornehmlich auf die Sicherung der Oberrheinlinie und ihrer elsässischen Besitzungen ankam, bestückten folgerichtig das ganze Gebiet links und rechts des Oberrheins mit einem dichten Burgenmantel. Allein in der heutigen Pfalz zählt man an die 300 staufische Burgen, die zugleich Wohn- und Wehrbauten waren. Von ihnen sind nur noch Ruinen geblieben, ebenso wie von den meisten Burgen im Elsaß, mit denen die Staufer die Westflanke des Reiches abzusichern suchten. Von Weißenburg bis zur heutigen Schweizer Grenze erstreckte sich ein

*Die drei Löwen, das Wappenbild der Staufer.*

für Verteidigungszwecke angelegtes System von Burgen und Vesten, eine Burg fast immer in Sichtweite der anderen.

Die Städte- und Burgenpolitik der Staufer folgte im Elsaß wie in Schwaben gemeinsamen äußeren Zügen. Immer zeigt die Ortslage eine Ausnutzung der geographischen Gegebenheiten zum Schutze der Siedlung. Nach Möglichkeit werden Städtegründungen an Flüssen vorgenommen, die mit ihren Wasserläufen der Befestigung der Stadt dienen mußten; die am Gebirgsrand aufgereihten Städte fanden in den umgebenden Bergen einen natürlichen Schutzwall. Wehrhafte Mauern mit Toren und Türmen verleihen den Städten einen festungsartigen Charakter, und bis zum Aufkommen der Feuerwaffen erweisen sich die staufischen Fortifikationen als ein ausgezeichneter Schutzwall.

Alle staufischen Burgen im Elsaß, auf der rechten Rheinseite, in der Pfalz, im Fränkischen oder im Schwäbischen verrieten nach Lage und Architektur schon von weitem, wer sie gebaut. Immer ist der Wald um die Ringmauer radikal abgeholzt, sodaß sich die Burg selbst über einer kahlen Fläche erhebt. Die wie genormt erscheinende Anlage aller Stauferburgen gründete sich auf strategische Überlegungen: ein zu dicht an die Burg heranreichender Wald hätte den Angreifer begünstigt und ihm gestattet, überfallartig aus dem Waldesdickicht hervorzubrechen.

Was die Herzöge begonnen hatten, setzte Barbarossa in großem Stile fort. ,,So oft der Kaiser seinen Mantel auftat, fiel aus den Falten seines Gewandes eine

*Der sogenannte „Cappenberger Kopf", eine vergoldete Bronzebüste Barbarossas um 1160.*

Stadt heraus", berichtete einer seiner des Schreibens kundiger Gefolgsleute. Gmünd war die erste staufische Stadt in Schwaben, Ulm die nächste, gefolgt von Dinkelsbühl, Bopfingen und Giengen an der Brenz, das Barbarossas persönlicher Besitz war. Wo immer ein Kirchenlehen oder eine Vogtei zu erwerben war, griff der Kaiser zu. Die Kirche war allerdings in den meisten Fällen mit der Stadtgründung auf ihrem Grund und Boden nicht einverstanden. Auf drastische Weise äußerte der Abt von Ell-

*Die prachtvoll erhaltenen Arkaden der staufischen Pfalz in Wimpfen, hoch über dem Neckar.*

wangen sein Mißfallen, der die neugegründete Stadt seines Vogtes einfach anzünden und niederbrennen ließ!
Als die in Geldnot befindlichen Welfen ihren Besitz im Herzogtum Schwaben zum Verkauf anboten, feilschte der Kaiser nicht lange. Der ebenfalls interessierte Heinrich der Löwe hatte, als er den Kaufpreis hörte, abgewinkt. Barbarossa jedoch kaufte, ohne zu zögern, den gesamten welfischen Besitz. Gegen Kasse kamen auf diese Weise Kaufbeuren, Ravensburg und Buchhorn (das heutige Friedrichshafen) zum Herzogtum Schwaben. Die Welfen hatten nicht einmal Bedenken, selbst ihren Stammsitz Altdorf bei Weingarten abzustoßen.
Unter Barbarossa wurde in Wimpfen am Neckar, hoch über dem Fluß, die größte deutsche Kaiserpfalz gebaut, eine Randburg mit wehrhaften Ringmauern und Wehrgang. Vollendet wurde die großartige Anlage erst im 13. Jahrhundert. Die Mauerung der prachtvollen erhalten gebliebenen Arkadenbögen, gleich wie der Rote Turm und der Blaue Turm, bezeugen noch heute die einzigartig künstlerische Reife des staufischen Burgenbaus.
Aus der Stauferzeit stammen die meisten Burgen, entlang der sich von Mannheim bis nach Nürnberg wie Perlen auf einer Schnur hinziehenden Burgenstraße; in vielen Fällen folgte dem Bau einer Burg die Gründung einer Stadt in unmittelbarer Nähe nach. Ganz besonders ins Herz geschlossen hatten die Staufer das romantische Rothenburg ob der Tauber. Die Arabeske, die sie ihrem offiziellen Herzogstitel beifügten, kommt einer Liebeserklärung

an das kleine Städtchen bei: sie nannten sich bisweilen ,,Herzog von Schwaben und Rothenburg''.
Dort, wo sich heute das Hotel ,,Eisenhut'' am Marktplatz vor dem Rathaus befindet, kam es zu einer historisch verbürgten Szene. Unter sanftem Nachdruck zwang Friedrich, genannt ,,der Reiche'', den Rothenburger Burgkaplan, den Zug seines Oheims, Friedrich Barbarossa, gegen Rom zu segnen. Der Ärmste tat es mit süßsaurer Miene, wußte er doch, daß Barbarossa geradewegs gegen sein geistliches Oberhaupt, den Papst, zu Felde zog.
Über seiner Italienpolitik hatte der Kaiser nicht vergessen, daß er ,,im Nebenamt'' noch immer Herzog von Schwaben war. Zwar — er zog in seiner Regierungszeit sechsmal über die Alpen — ließ er das Herzogtum von seinen Söhnen und Neffen verwalten, und den Hohenstaufen, den Sitz seines Geschlechts soll er nur ein einziges Mal besucht haben, doch blieb er bis ins Alter dem Land seiner Väter verbunden. Vor seinem Aufbruch zum Kreuzzug, bei dem er beim Baden in dem kleinasiatischen Flüßchen Saleph den Tod fand, nahm Barbarossa noch die Gründung der Städte Breisach (,,Des Reiches Schlüssel und Ruhekissen''), Ravensburg und Überlingen am Bodensee vor.
Am Kaiserhof wurde, wie aus zahlreichen Bekundungen hervorgeht, ,,original-schwäbisch'' gesprochen. Die Sprache der Staufer war auch die Sprache der Minnesänger und Poeten in der Blütezeit des mittelalterlichen Rittertums, und bis ins 13. Jahrhundert hinein bildete das Schwäbisch-Alemannische die Grundlage der mittelhochdeutschen Dichter-

sprache. Die Staufer brachten aus der Heimat zahlreiche erfahrene Verwaltungsbeamte und Dienstmannen mit, einen Kometenschweif von Gefolgsleuten, die Schwäbisch zur ,,Verkehrssprache" in den kaiserlichen Amtsstuben werden ließ. Es war der so sichtbar von den Repräsentanten der Kaisermacht zur Schau getragene schwäbische Habitus, der die Italiener veranlaßte, die Jahrhunderte der staufischen Herrschaft über ihr Land als ,,epoca suebica" zu bezeichnen.

Ob allerdings der größte der Staufer, der eine Weltmonarchie anstrebende Friedrich II., des Schwäbischen mächtig war, erscheint zweifelhaft. Sein Vater, Kaiser Heinrich VI., der in deutscher Sprache seine Minnelieder gedichtet hatte, darunter das berühmte ,,Mir sind die Reiche und Länder untertan, so oft ich bei der Geliebten bin", starb, als der in Sizilien geborene Friedrich drei Jahre alt war. Seine Mutter, die normannische Königstochter Konstanze, verlor er zwei Jahre danach. Papst Innozenz III. übernahm die Vormundschaft für den Knaben, der als Einjähriger zum König von Sizilien gekrönt worden war. Schwäbische Laute drangen während seiner Jugendzeit nie an sein Ohr. Für den kleinen Staufersproß wurde Italienisch zur Muttersprache. Italienisch sind seine Gedichte und Canzonetta, sein bekanntes Buch über die Falknerei trägt den lateinischen Titel ,,De arte venandi cum avibus".

Zu viele Blutströme kreuzten sich in ihm, als daß es erlaubt wäre, die Summe seiner genialen Anlagen seinem schwäbischen Erbteil zuzurechnen. In seiner Ahnentafel erscheinen neben den Staufern, Normannen, Burgunder und Savoyarden, insgesamt eine Mischung germanischer und romanischer „Bausteine“, die das Einmalige seiner Erscheinung ausmachten.

*Eine Seite aus dem berühmten Buch Kaiser Friedrichs II. über die Falknerei.*

Daß der Kaiser ein Sprachgenie war, hebt der Bettelmönch Fra Salimbene von Parma in seiner Charakterbeschreibung Friedrich II. hervor. Er verstand und sprach mehrere Sprachen fließend. So einigte er sich während eines Kreuzzuges mit dem Sultan Al-Kamil auf arabisch über die Gründung des, allerdings sehr kurzlebigen, Königreichs Jerusalem unter staufischem Panier.
Schwäbisch aber beherrschte er nicht. Dafür besaß er als Vatererbe eine ausgesprochen schwäbische Eigenschaft, den Hang zu übertriebener Sparsamkeit. Fra Salimbene nennt sie unverblümt Geiz. So sehr den Mönch auch die überragende Persönlichkeit und der hochfliegende Geist des Kaisers beeindrucken, übersieht er doch keineswegs die Schatten, die auf das strahlende Bildnis fallen. Friedrich neige zum Jähzorn, gelegentlich zu Boshaftigkeit und — was einem Kuttenträger besonders mißfallen muß — „zu heftiger Sinnlichkeit".
Also doch mehr Südländer als Schwabe? . . .
Auf einem anderen Feld jedoch, in seinem trotzigen Aufbegehren gegen den Machtanspruch der Kirche, zeigte sich die vom Vater geerbte, zu keinem Nachgeben bereite Herrschernatur. Kein Anderer hätte, wie er, es wagen können, die Bannflüche zweier Päpste, Gregor IX. und Innozenz IV. ebenso wie die von ihnen ausgesprochene Absetzung zu ignorieren. Und daß sie ihn als Ketzer bezeichneten, kümmerte den Freigeist ebenso wenig. Er war an heiliger Stätte, in der Grabeskirche, zum König von Jerusalem gekrönt worden — was wog dagegen der Bannstrahl aus Rom!

Obgleich Friedrich II., wie die Staufer vor ihm, stets bestrebt war, mit erlaubten und gelegentlich auch mit unerlaubten Mitteln das Reichsgut zu mehren, lag der Schwerpunkt seiner Machtinteressen eindeutig in Italien und Sizilien, die er mit einem Netz mächtiger Kastelle überzog; das Burgenbauen und Städtegründen war die große Leidenschaft des Geschlechts.

Die Verwaltung des Herzogtums Schwaben, das weitgehend, und nicht zum Vorteil des Landes, im staufischen Königs- und Kaisertum aufgegangen war, übertrug Friedrich 1220 dem Truchseß Eberhard von Waldburg und dem Schenk Konrad von Winterstetten, als procuratores et gubernatores terrae, als kaiserlich-herzogliche Statthalter und Präfekten von Schwaben.

Nichts konnte den jungen Kaiser in seinem Stammland halten; er hatte es eilig, nach Italien zurückzukehren, die von Mailand angeführten lombardischen Städte niederzuwerfen und den Papst in seine Schranken zu weisen, der seinerseits die Absichten Friedrichs ahnte, einen von kirchlicher Gewalt freien, einen rein weltlichen Staat zu schaffen.

Die Verhältnisse im Reich veranlaßten Friedrich zu wiederholten Malen, die beschwerliche Reise nach Deutschland anzutreten und an Ort und Stelle in eigener Person für die Wiederherstellung der alten Ordnung zu sorgen. Den schlimmsten Schlag, der ihn treffen sollte, führte der eigene Sohn, Heinrich, Herzog von Schwaben und Sizilien, der sich gegen den Vater empörte. Heinrich wurde in der Kaiserpfalz Wimpfen gefangen gesetzt und auf einem vom

Kaiser nach Mainz einberufenen Reichstag in aller Form für abgesetzt erklärt. Später wurde er nach Italien gebracht, wo er nach siebenjähriger Gefangenschaft in dem düsteren, vom Vater erbauten Castell Martirano in Kalabrien starb.
Es ist viel darüber gerätselt worden, weshalb der sonst so großherzige Kaiser gegen seinen ältesten Sohn mit unmenschlicher Strenge vorging. Manches im Verhalten Friedrichs deutet darauf hin, daß er in Heinrich einen ewigen Aufrührer sah, der, würde man ihm die Freiheit wiedergeben, neuen Aufruhr vorbereitete.
Es müssen, so viel steht fest, schwerwiegende Gründe gewesen sein, die jedes Verzeihen ausschloßen. Doch als die Nachricht vom Tode seines Erstgeborenen den Vater erreichte, „verbarg unsere Herre Kaiser sein Haupt und verschloß sich vor der Welt, wehklagend um den, der ihm so viel Leids getan."
Die Nachfolge des Verstorbenen, der im Dom von Cosenca begraben liegt, trat Bruder Konrad als Herzog von Schwaben und erwählter König an. Ihm werden die Städtegründungen von Reutlingen, Göppingen, Welzheim, Saulgau und Leutkirch zugeschrieben. Zutreffender: sie erfolgten unter dem Namen des noch unmündigen Knaben, derweil sein Erzieher, Gottfried von Hohenlohe, die Regierungsgeschäfte wahrnahm.
Ähnlich verhält es sich mit den Städtegründungen des Vaters, Friedrich II. Wenn der in Deutschland zumeist nur flüchtig verweilende Kaiser — abgesehen von seinem ersten achtjährigen Aufenthalt mit 18 Jahren — in vielen Geschichtswerken als emsiger

Städtegründer genannt wird, so will dies nicht besagen, Friedrich habe nun bei der Gründung ein- und jeder Stadt Pate gestanden. Die Städtegründungen erfolgten in seiner Regierungszeit und wo das Einverständnis der Herrschers erforderlich war, wurde es eingeholt. Im Regelfall jedoch handelten die vom Kaiser mit allen Befugnissen eingesetzten Verwalter des schwäbischen Herzogtums in eigener Verantwortung, wenn sie zu den insgesamt 40 Städtegründungen unter Friedrich II. ihre Zustimmung gaben.

Den Ruhm als erfolgreiche Städtegründer müssen sich die Staufer mit den aus dem mittleren Neckarraum stammenden, der alemannischen Familie zugehörigen Zähringern teilen.

Die Bertholde aus diesem Adelsgeschlecht — Stammväter der Markgrafen von Baden — vollbrachten beim Aufbau ihres Landes eine Leistung, die das Prädikat staatspolitisch verdient. „Es gibt kaum einen zweiten deutschen Staat, in dem so früh und mit solcher Folgerichtigkeit der Aufbau eines Staates in modernem Sinne durchgeführt worden wäre, wie hier von den Zähringern", stellt Th. Mayer in seinen „Mittelalterlichen Studien" fest. Im Abstand von wenigen Jahrzehnten gründeten sie, gestützt auf das ihnen in den Auseinandersetzungen um das Herzogtum Schwaben zugefallene stattliche Reichslehen Zürich, die Städte Villingen, Freiburg und Offenburg im deutschen Südwesten. Zu den Zähringer Gründungen in der heutigen Schweiz zählen Freiburg im Üchtland, Thun und Murten. Ihr Territorium reichte von Offenburg bis in die Westschweiz. Der Schwarzwald verlor unter den Zähringern seinen Ruf als finsteres, unzugängliches Gebiet. Der „höllische Gebirgswald" war den Menschen des Mittelalters immer unheimlich, doch nun schlugen die Äxte breite Schneisen in die zur Rodung und Urbarmachung des Bodens bestimmten Flächen. Wohl kam es den Zähringern vordergründig auf die Sicherung der Schwarzwald-Übergänge an, aber sie wußten geschickt das eine mit dem anderen zu verbinden und schon bald rankten sich in den freigelegten, dem Rhein zugekehrten Hügelzonen die Rebhänge hoch. In Haslach schürfte man nach Silbererz, doch reich wurden die Zähringer bei diesem Projekt nicht.

Tatkräftig unterstützten die in unwegsamen Gegenden angesiedelten Klöster der Benediktiner und Zisterzienser die Urbarmachung und Erschließung. Sie waren im gesamten schwäbisch-alemannischen Raum Wegbereiter, Aufbereiter des Bodens für die Pflugschar und, wo es die klimatischen Verhältnisse zuließen, auch für den Weinstock.

Zwischen den Staufern und den von Hause aus besitzlosen Zähringern bestand lange Zeit eine Konkurrenzsituation. Die an Macht unterlegenen Zähringer stemmten sich insbesonders gegen die von Staufern betriebene territoriale Ausbreitung ihrer Herrschaft. Die Bertholde waren sich indessen bewußt, daß sie, anders als die Welfen, bei den bestehenden Kräfteverhältnissen eine kriegerische Auseinandersetzung nicht wagen durften. In kluger Einsicht beschränkten sie sich nach der Übertragung des Reichslehens Zürich auf die politische und wirtschaftliche Durchdringung und Stärkung ihres Landes.

Mit Berthold V., der keine Erben hinterließ, erlosch 1218 die Linie der Zähringer. Der größte Teil ihres Hausgutes, so Bern, Solothurn, Schaffhausen und Freiburg im Üchtland, fiel, vom Kaiser energisch eingefordert, an das Reich zurück.

Nie mehr waren die Voraussetzungen für die Schaffung einer geographischen und politischen Einheit so günstig wie zu diesem Zeitpunkt. Ein gemeinsames geistig-kulturelles Band erstreckte sich vom Westrand der Vogesen bis in den Alpenraum. Der Zugewinn des zähringischen Besitzes ergab für die Staufer eine letzte, unwiederbringliche Chance, ihr Herzogtum Schwaben zu einem Staatsgebilde mit innerer Festigkeit auszugestalten, einen Überbau zu schaffen, der eine Großraumbildung unter Einschluß aller alemannischen Gebietsteile ermöglichte.

Die Basis für ein gesundes, lebensfähiges Staatswesen war gegeben. Handel und Gewerbe blühten, Landwirtschaft und Weinbau (die Staufer hatten spezielle Weingesetze erlassen) befanden sich auf einem nie zuvor gekannten Stand. Es hätte nur einer starken, ordnenden Hand bedurft, alle diese geistige und materielle Habe zusammenzufassen und in eine Gemeinschaft einzubringen, die allen Teilen gleiche Rechte zugestand, ungeachtet der Vielfalt der historischen Bedingungen.

Doch „. . . was du vom Augenblicke ausgeschlagen, bringt keine Ewigkeit zurück.“ Fixiert auf seine Italienpolitik ließ Friedrich die Gunst der Stunde verstreichen. Für die Hohenstaufen war der schwä-

bische Herzogsmantel immer nur die zweite Garderobe, das Herzogtum nur ein Annex der Königs- und Kaiserwürde und zum Instrument staufischer Königslandpolitik geworden.
Die Verzahnung Schwabens mit dem Stauferreich mußte sich notwendig in dem Augenblick zum Schaden des Landes auswirken, da der Stern der Staufer zu sinken begann. Und prompt erklärte denn auch König Richard, als sich später Konradin anschickte, sein Herzogtum in Besitz zu nehmen, das Herzogtum Schwaben existierte nicht mehr, es sei schon längst dem Reich inkorporiert.
Die Klammer, die das ehemalige Alemannenland, wenn auch unter anderer „Firmierung" zusammengehalten hatte, zerbrach mit dem Ende der Stauferherrschaft. 1250 starb Friedrich II.; der Porphyrsarg, der seine Gebeine bewahrt, steht im Dom zu Palermo. Vier Jahre später folgte ihm sein Sohn Konrad IV. im Tode nach. Ihm war auf Betreiben der päpstlichen Partei das Herzogtum Schwaben aberkannt worden. Für Innozenz IV., den unversöhnlichen Gegner der Staufer noch nicht genug: er hatte es sich zum Ziel gesetzt, „die staufische Vipernbrut" zu zertreten, und er setzte es durch seine Wortführer auf dem Reichstag zu Frankfurt durch, daß Konrad all seiner Besitzungen in Deutschland für verlustig erklärt wurde. Zermürbt vom Kampf um das ihm streitig gemachte Erbe, erlag Konrad auf einem Italienfeldzug der Ruhr.
Die letzte Strophe des Liedes, in dem eine ferne, unvergessene Herrlichkeit aufklingt, schrieb der sechzehnjährige Konradin mit seinem Blut. Er wurde als

letzter Herzog von Schwaben am 29. Oktober 1268 auf Befehl des siegreichen Karl von Anjou in Neapel enthauptet. Mit ihm starb, im Tod vereint, sein

*Konradin, begleitet von einem staufischen Edelmann auf der Falkenjagd. Links oben das Wappen von Jerusalem. (Abbildung aus der Mannessischen Liederhandschrift).*

Freund, der Zähringer Friedrich von Baden und Österreich.

Das Stammesherzogtum Schwaben war erloschen und sollte nie wieder erstehen. Im Windzug der Geschichte zerstoben die Weltreichsideen der staufischen Herrschergestalten, doch noch immer rührt die Nachwelt der leidenschaftliche geistige Atem an, der gerade diese Epoche beseelte.

Das Hochmittelalter ist geprägt von der Welt der alemannischen Humanitas. In den großen Geistern jener Zeit tritt das Übernationale einer gemeinsamen Kultur sichtbar in Erscheinung. Ein Horizont neuer Erkenntnisse tut sich auf. Geistesleben und Wissenschaften befreien sich aus der Enge, in der sie die Kirche gehalten. Eine Kunst der Morgenröte offenbart sich in der Musik, der Dichtung und der Malerei.

Es ist kein Zufall, daß das kulturgeschichtliche Panorama eine derartige Wandlung erfährt. Friedrich II. vor allem, selbst musisch hochbegabt, ließ es sich angelegen sein, Kunst und Wissenschaft in großzügiger Weise zu fördern. „O glücklicher Kaiser!", rühmt der schottische Hofastrologe Michael Scotus, „wirklich, ich glaube, wenn jemals ein Mensch auf dieser Welt durch sein Wissen dem Tod entginge, dann müßtest du jener sein!"

Was wie die plumpe Schmeichelei eines Günstlings bei Hofe klingt, schlägt sich, gleichsam als Bestätigung, in der einhelligen Bewunderung nieder, die dem Staufer von allen Seiten zuteil wird. „Stupor mundi", das Staunen der Welt nennen ihn seine Zeitgenossen. Wie kein anderer vor ihm bewegt und verändert er die geschichtliche Landschaft, Mehrer des Reichs und Wandler der Welt in einer Person.

Unbekümmert setzt er sich mit seinen Reformen über die Tabus einer alten, als gottgewollt hingenommenen Ordnung hinweg. Gegen das Verdikt des Papstes gründet er in Neapel die erste rein weltliche Staatsuniversität; er erlaubt den Medizinern an der Universität von Salerno das in Rom unter Todesstrafe gestellte Öffnen von Leichen zu anatomischen Zwecken; er interessiert sich für Mathematik, Astronomie und Jurisprudenz und stellt die alten, von der Kirche als Glaubensartikel verkündeten Lehren über den Gang des Universums in Frage.

Friedrich mußte wissen, daß der Heilige Stuhl in all diesen Bestrebungen das Werk eines verdammenswerten Häretikers sah. Er nahm es aus der Sicht seines urbanen Geistes gelassen hin.

Unter ihm, befruchtet durch ihn, den ersten Fürsten des Abendlandes, entstehen die ersten großen Dichtungen in deutscher Sprache. Gottfried von Straßburg schreibt die Märe von Tristan und Isolde, dichtet der aus dem Bodenseegebiet stammende Hartmann von der Aue seinen Armen Heinrich. Beider Heimat ist der alemannische Sprachraum, so auch derjenige des Albertus Magnus. Der in Lauingen an der Donau Geborene lehrte sowohl an der Universität in Köln als auch an der Pariser Universität. Er unterschreibt die erste Urkunde aus seiner Hand als Albertus Teutonicus, populärer wird er unter dem Namen, den ihm die Mitwelt zuerkannt: Albertus

Alemannus. Sein Geburtsjahr fällt fast mit dem Friedrich II. zusammen. Als Angehöriger des Dominikanerordens wirkte er als Lehrer für Theologie an den Klöstern in Freiburg, Hildesheim, Regensburg und Straßburg. Seine Schrift über die Mineralien belegt sein naturwissenschaftliches Interesse.

Nach Beendigung seiner Lehrtätigkeit in Paris leitete er das studium generale an der Universität Köln, wo unter anderen auch Thomas von Aquino, der berühmteste Scholastiker des Mittelalters und Ulrich von Straßburg zu seinen Schülern zählten. Als Provinzial der Ordensprovinz unterstanden Albertus alle deutschsprachigen Länder. „Wenn die ganze Philosophie zu Grunde ginge“, schreibt der Magister Heinrich der Poet über ihn, „er wäre imstande, sie aus dem Kopfe wiederherzustellen, ja er könnte sogar eine bessere Philosophie schreiben, die die alten Philosophen übertreffen würde.“

Albertus starb, hochgeehrt, in Köln im Alter von 80 Jahren. Von der Spannweite seines Geistes zeugt ein riesiges literarisches Werk, das nahezu alle Wissensgebiete seiner Zeit behandelt. Die moderne Wissenschaft verehrt in ihm einen ihrer großen Vorläufer und Begründer.

Daß sich in der Stauferzeit aus zagen Anfängen die deutsche Sprache herausbildete, daß sie in den Gesängen Walters von der Vogelweide und Wolfram von Eschenbachs wortmächtig wurde und an Klangfülle gewann, gehört zu den Phänomenen einer Epoche, die den Typ des neuen Menschen gebar. Für Dante war Frederico secondo der Wegbereiter einer vita nueva, ein Mann „der das Edle liebte und das Gemeine verachtete."

Mit den Staufern war die Zeitwende gekommen. In Friedrich II. sah Nietzsche „den ersten Europäer nach meinem Geschmack" und „einen jener zum Siege und zur Verführung vorherbestimmten Rätselmenschen, wie Alcibiades, Cäsar und Leonardo da Vinci."

Die Prinzipien der neuen Lebensform waren zu verfestigt, die Ideen einer allumfassenden humanitas zu tief in den Köpfen verankert, als daß der Untergang der Staufer auch den Untergang der ordo, ihrer geistigen und sittlichen Wertordnung nach sich gezogen hätte.

Die Netzhaut der historischen Empfindung bewahrt das Unzerstörbare, das von den Staufern blieb.

# *V. Das Land dazwischen*

„Dialekt ist für uns Elsässer keine Modesache“, sagt der mit dem Hebelpreis ausgezeichnete André Weckmann, „Dialekt ist Atem und Pulsschlag, Schwielen und Schweiß, Lied und Schrei“ in seinem Buch „Fremdi Getter“. Zugleich aber geht der Dichter auf Distanz, wenn an anderer Stelle, im Hinblick auf die „Erbmasse“, das Sprachverhalten und die Gemeinsamkeiten der Anrainer links und rechts des Rheins eine alemannische Solidarität hergestellt und neu gekittet werden soll: „Von alemannischer Rasse zu reden wäre absurd, denn die Alemannen tragen alle möglichen Gene in sich.“

Die Römer, die Hunnen, die Franken, die Schweden, die Spanier, die Preußen, sie alle haben auf der Schlachtenebene des Elsaß gekämpft und ihre Spuren hinterlassen. Läßt man dazu im Geist die unzähligen Völkerschaften vorüberziehen, die seit Anbeginn plündernd, sengend und mordend über das Siedlungsgebiet der Alemannen herfielen, so ist die Frage der Reinblütigkeit seiner Bewohner ausdiskutiert.

Dennoch — die Angelegenheit entbehrt nicht einer sinistren Komik — bemühte sich das Rasse- und

Sippenamt der SS, nach der „Heimkehr“ des Elsaß ins Reich im Jahre 1941 aus durchsichtigen politischen Gründen, den wissenschaftlichen Nachweis für ein einheitliches Rassenbild der Bevölkerung hüben und drüben zu liefern.
Parallel zu rassebiologischen Untersuchungen an ausgewählten Testpersonen wurden vergleichende anthropologische Untersuchungen von Skelettfunden aus alemannischen Reihengräbern im Reichsgebiet, im Elsaß und in der Schweiz vorgenommen, wobei die Ausformung des Hirnschädels über die Zuerkennung der Gütemarke „nordisch“ entschied. Wie nicht anders zu erwarten, stellten die braunen Rassisten eine sehr einheitliche erblichrassische Grundlage fest, war doch (wörtlich!) „das Hinterhaupt bei allen untersuchten Objekten in der Seitenansicht betont ausladend und nicht selten in seinem mittleren Abschnitt nestartig vorgebuckelt.“
Befriedigt meldeten sie die Unversehrtheit des alemannischen Volkskörpers nach Berlin und priesen Standhaftigkeit und Mannesmut eines germanischen Stammes, „der die deutsche Südwestmark dem Deutschtum erobert und trotz stärkster Gegenwehr erhalten hat.“
Wer wollte nach diesem Gutachten noch Zweifel hegen, daß die Elsässer, um deren rassische Beschaffenheit es hauptsächlich ging, zur „deutschen Blutgruppe“ gehören! Ihre Einziehung zur deutschen Wehrmacht war mithin nach Meinung der braunen Rassisten rechtens, ihre Teilnahme am Kampf gegen den Bolschewismus gewissermaßen ei-

ne völkische Verpflichtung, der sich keiner entziehen durfte.
So grotesk aus der Rückschau von nahezu 50 Jahren eine Begebenheit wie diese anmutet, sie war nur ein noch verhältnismäßig harmloses Glied in der Kette der Versuche, die vormals als „Halbwelsche“ abqualifizierten Elsässer einzugemeinden und heim ins Reich zu führen.
Wieder einmal wurde dabei, wie so oft in der Vergangenheit, übersehen, daß trotz der jahrhundertelangen Zugehörigkeit des Elsaß zum Herzogtum Schwaben schon sehr früh eine sprachlich-geistige Abnabelung vom deutschen Kulturraum einsetzte, lange ehe das Land unter Ludwig XIV. zu Frankreich kam. So ließ Gottfried von Straßburg, einer der großen deutschen Dichter der Stauferzeit häufig französische Wendungen einfließen, obwohl er in seinem unvollendet gebliebenen Tristan-Roman seine Helden nach der Verbannung von Markes Hof statt zu Artus zum Kaiser „nach Alemanje“ reiten ließ.
Die fortschreitende Zuneigung der Elsässer zum frankophilen Lebensstil mußte sie den schwerblütigen schwäbischen Vettern mehr und mehr entfremden. Wohl lebte man unter einem gemeinsamen Dach, doch zu einem Miteinander fand man nicht; zu verschieden war das geistige Klima hier und dort, zu gegensätzlich auch die Auffassungen darüber, ob es des Menschen Bestimmung sei, ein von Arbeit ausgefülltes gottgefälliges Leben zu führen oder ob er unbeschwert die doch auch von Gott geschenkten Freuden des Daseins genießen dürfe.

Die Elsässer lösten das Problem ohne Seelenpein. Sie nahmen von der einen Seite die joie de vivre, von der anderen die alemannische ,,Gemütlichkeit" und festigten daraus, im Einklang von Weltoffenheit und Bodenständigkeit, ihre gallo-alemannische Existenz. In dem nach allen Himmelsrichtungen offenen Land kristallierten sich über Jahrhunderte die Einflüsse Deutschlands, Frankreichs und Österreichs, und von der Freien Reichsstadt Straßburg, von allen Geistesströmungen durchlüftet, ging das Wort, die Stadt sei ein Mikrokosmos, durch welchen man die Geschichte ganz Europas erkenne.
Im Plan der Schöpfung war das Elsaß als ,,e göttligs Land" vorgesehen. Friedrich II., der auch Herzog des Elsaß war, nannte es ,,seiner Erblande liebstes", wobei er nebenher sicher auch die stattlichen Einkünfte im Auge hatte, die der kaiserlichen Kasse aus den wohlhabenden Städten von Weißenburg bis Colmar zuflossen. Die auf die Staufer zurückgehende Gründung der Städte hatte sich als lohnende Investition erwiesen, wenngleich dabei in erster Linie militärische Überlegungen mitspielten. Hand in Hand mit der Schaffung befestigter Städte ging die Gründung wirtschaftlicher Mittelpunkte, als sich die Staufer gezwungen sahen, Hausgut und Reichsbesitz gegen die Herrschaftsansprüche des mächtigen Bischofs von Straßburg und des Herzogs von Lothringen zu sichern.
Der großartige Aufbau des Städtewesens am Oberrhein wird illustriert durch die Tatsache, daß vor 1138 das Elsaß nur zwei Städte besaß, die beiden Bischofssitze Straßburg und Basel, das zu jener Zeit

noch zum Herzogtum Schwaben und Elsaß gehörte. Hagenau war die erste und bedeutendste Stadtgründung der Hohenstaufer im Elsaß, es verdankte die Stadterhebung seinem großen Gönner Friedrich I. Die Stadtrechtsurkunde, die der Kaiser von Italien aus im Jahre 1164 verlieh, zählt zu den ältesten überhaupt. Das Bürgerrecht in der ummauerten Stadt war gegen ein Entgelt von zwei Pfennigen zu erwerben. Es sicherte seinem Besitzer den Gerichtsstand in der Stadt zu und befreite ihn von Abgaben und erzwungener Herbergspflicht. Ohne Zoll und Geleit zu entrichten, konnte ein Bürger von Hagenau frei im ganzen Reich verkehren.

Die Bedeutung Hagenaus, in staufischen Urkunden zuweilen „Kammer des Reichs" genannt, entsprach der Steuerleistung der Stadt. 1241 zahlte Hagenau mit dem umliegenden Reichsgut 200 Mark und eine Judensteuer von 15 Mark. Mit diesem, heute sehr bescheiden anmutenden Betrag, rückte Hagenau in die Reihe der wichtigsten Amtsmittelpunkte des damaligen Deutschlands auf, nur noch übertroffen von den drei Städten Frankfurt, Eßlingen am Neckar und Schaffhausen.

Über die Höhe der Steuerleistungen der einzelnen staufischen Städte sind wir durch das Reichssteuerverzeichnis von 1242 unterrichtet. Es zahlten

| | |
|---|---|
| Hagenau<br>(wie erwähnt) | 200 Mark<br>und 15 Mark Judensteuer |
| Colmar | 160 Mark |
| Oberehnheim | 150 Mark |
| Kronenburg | 150 Mark |

| | |
|---|---|
| Schlettstadt | 150 Mark |
| Mühlhausen | 80 Mark |
| Weißenburg | 80 Mark aus der Vogtei |
| Kaysersberg | 70 Mark |
| Erstein | 40 Mark |
| Hochfelden | 15 Mark |
| Brumath | 15 Mark |
| Geudertheim | 6 Mark |

Die Aufstellung offenbart eine Triebfeder der staufischen Städtegründungen: Die Städte erschlossen neue Geldquellen. Das Elsaß war die Landschaft des ertragreichsten Reichsbesitzes in Deutschland.

Für die Anhänglichkeit, die alle staufischen Herrscher Hagenau mit dem Heiligenwald als ihrem ältesten Hausgut bewahrten, spricht die Häufigkeit ihrer Besuche. Barbarossa weilte fünfmal in Hagenau, das ihm neben dem Stadtrecht und dem Prämonstratenser-Hospital eine Reihe von Bauten verdankte. Er ließ die alte herzogliche Burg zu einer königlichen Pfalz ausbauen und stiftete eine dreistöckige Burgkapelle aus rotem Marmor, Bauwerke, die die ganze Bewunderung der Zeitgenossen erregten.

Heinrich IV. besuchte die Stadt nicht weniger als achtmal, und wenn die Hagenauer richtig gezählt haben, weilte Friedrich II. gar zweiundzwanzigmal in ihrer Mitte. Zu Zeiten war Hagenau die große staufische Residenz diesseits der Alpen. Es war ein Ort, sich von den italischen Sorgen zu erholen, höfische Feste zu feiern und im Heiligenwald, dem „großen Forscht des Elisaz“ zu jagen.

Der Schwerpunkt der staufischen Macht lag im Unterelsaß. Im Oberelsaß gelang es erst allmählich,

*Die imposante Ruine der Burg Hobarr bei Zabern (Saverne) — ein die Zeiten überdauerndes Zeugnis staufischer Baukunst.*

durch Erwerb von Grundherrschaften und Vogteien Boden für weitere Städtegründungen und damit für den Ausbau der staufischen Machtsphäre zu gewinnen. Im gesamten wurden 11 elsässische Städte von den Herren aus Schwaben gegründet, darunter Colmar, Mühlhausen und Schlettstadt. Dazu kommen die rechtsrheinischen Städtegründungen von Breisach, Neuenburg, Rheinfelden und Offenburg. Der Reichsbesitz zu beiden Seiten des ,,Bächel'', wie die Elsässer den Rhein bisweilen liebevoll-ironisch nennen, stützte und ergänzte sich: die Mehrzahl der Gründungen entstand auf kirchlichem Boden und nicht immer und überall waren die geistlichen Fürsten bereit, ihre grundherrliche Machtstellung an den Landesherrn abzugeben. Es kam zu langwierigen Rechtsstreitigkeiten und Auseinandersetzungen. Die bisher reichstreuen Bischöfe von Straßburg vor allem widersetzten sich der kaiserlichen Territorialpolitik. Zwischen Kaiser und Bischof entbrannte ein zwanzig Jahre währender Streit um die Vorherrschaft im Elsaß, der das Land in zwei Lager spaltete.

Da sich der Einsatz militärischer Machtmittel gegen einen Kirchenfürsten vom Range des Bischofs von Straßburg verbot, griff Friedrich II. zu einem anderen Mittel. Er legte um Straßburg einen Kranz von Vesten, Burgen und Städten, einen regelrechten Einkreisungsring, während dem staufischen Colmar die Aufgabe zufiel, den bischöflichen Besitz im Unterelsaß von dem im Oberelsaß zu trennen. Souverän setzte sich der Kaiser darüber hinweg, daß er sich durch diese rigorose Erweiterung seines Herr-

schaftsgebietes den Zorn des Papstes zuzog. Er würde auch an einem zweiten und dritten Bannstrahl nicht zerbrechen.
Mit dem von ihm und seinen Vorfahren gegründeten Städten am Oberrhein blieb der Kaiser zeitlebens verbunden, selbst in der Zeit als ihn der Kampf um die Behauptung seines sizilischen Erbes in Italien festhielt. Noch 1241 erwarb er von Italien aus die Stadt und Vogtei Rheinhausen bci Schaffhausen. Bei der Verfolgung seines eigentlichen Zieles, gegen den Widerstand des Bischofs von Straßburg ein geschlossenes elsässisches Reichsterritorium zu schaffen, stand er sich selbst im Weg. Er war zu sehr auf seine Italienpolitik fixiert, um mit dem Einsatz der ganzen kaiserlichen Macht überm Rhein aufzutreten.
Das ewig fruchtlose Ratespiel „Was-wäre-wenn?" führt, wie anderwärts, auch beim Elsaß zu keinem Ergebnis. „'s blibt dabi — g'schähn isch gschähn" heißt es in einem Gedicht in Straßburger Mundart von Raymond Matzen, Professor der Dialektologie an der Universität Straßburg.
Geschehen ist geschehen. In den alten Stauferstädten von Hagenau bis Colmar, die etliche Male französisch, deutsch und wieder französisch waren, die ganze leidvolle elsässische Geschichte hindurch, künden nur noch zerfallene Burgen und renovierte Stadttore von den gewesenen Herren des Landes. Die Elsässer, wer wollte es ihnen verdenken, sind geschichtsmüde geworden. Die große Zeit, als das Elsaß Mittelpunkt des Reiches war, wird nur mehr in den Schulbüchern mehr oder weniger unlustig

durchgenommen. Was das Elsaß einmal war, wie seine Fürsten hießen, wer sich alles um das schöne Land in der Vergangenheit raufte, — „gschähn isch gschähn".

Aus dem ewig umstrittenen Grenzland, das ständig in der Gefahr des Zerriebenwerdens schwebte, ist eine gute französische Provinz geworden, wenn es auch Paris mitunter schwer fällt, zu begreifen, daß die Leute im Alsace zwar „Elsässerditsch" sprechen, aber gut französisch gesinnt sind.

Napoleon dachte in dieser Hinsicht anders herum, praktischer. „Was kümmert es mich, daß diese Leute deutsch sprechen. Solange sie auf französisch säbeln, sind sie mir genehm!"

Sie säbelten denn auch überall brav, wo sie eingesetzt wurden und unter denen, die in Rußland auf den Schlachtfeldern blieben, waren viele Elsässer.

*En französ'sche Offezier*
*sprach: wir säins verlore,*
*zwölfmal hunderttäusig Mann*
*säin im Schnee verfrore.*

Die letzte Strophe dieses Liedes bleibt noch zu schreiben. Sie müßte dem Gedenken an jene Elsässer gelten, die unter Hitler wider jedes Völkerrecht in Rußland „verheizt" wurden.

Man machte es sich als Deutscher zu leicht, würde man über dem idyllisch-pastoralen Anhauch der paradiesischen Landschaft verdrängen wollen, was diesem Land und seinen Menschen in der Zeit der deutsch-französischen „Erbfeindschaft" während dreier Kriege widerfuhr, wie sie hineingerissen wurden in das gegenseitige Zerfleischen. 30 000 Mann ließen ihr Leben allein bei dem Ringen um den Hartmannsweilerkopf im Ersten Weltkrieg, und im ganzen Elsaß ist kaum ein Dorf, in dem nicht Grabkreuze mit der Inschrift „Gefallen für Deutschlands Ehre" oder „mort pour la patrie" zu finden wären. Von den Vogesen bis in die Rheinebene kein Waldstück, kein Kornfeld, kein Hügel, die nicht wiederholt verteidigt, genommen, zurückerobert, verwüstet, kahlgeschossen, zerstampft wurden. Im Krieg von 1870—71, im Ersten und im Zweiten Weltkrieg lag das Elsaß unter dem Feuer der Kanonen, und wessen Fahne auch am Ende vom Straßburger Münster wehte, Schwarz-weiß-Rot, Hakenkreuz oder die Trikolore, das Elsaß hatte seinen Blutzoll entrichtet.

„Quel beau jardin que d'Alsace!" rief hingerissen der Sonnenkönig aus, als er 1681 die neugewonnene Provinz besuchte und von der Höhe der Vogesen auf das blühende Land herniederschaute. Und er hatte nicht nur ein Auge für die Schönheit des Landes, hellsichtig erkannte er auch, was nach ihm unseligerweise oft vergessen wurde: „Ne touchez pas aux choses d'Alsace!" — eine über die Zeiten hinweg gültige Mahnung, die Eigenheiten gerade dieses Grenzlandes und seiner Menschen zu beachten. Doch nur wenige der Mächtigen, die wechselseitig über das Elsaß geboten, entwickelten ein Gespür für die doppelbödigen Verhältnisse dieser Region.

Heute ist es insbesonders das immer noch nicht ausdiskutierte Sprachproblem — „la dispute du Rhin" — das den in zwei Kulturen beheimateten Elsässer Schwierigkeiten im Verhältnis zu den „Inner-

franzosen“ bereitet. Zwar zeigt man sich mittlerweilen in Paris in der Frage der Parität der zwei Sprachen sehr viel konzilianter als dies unmittelbar in den Jahren nach dem Zweiten Weltkrieg der Fall war; beispielsweise erfolgen jetzt auf dem Straßburger Bahnhof die Durchsagen in französisch und deutsch, ein Vorgang, der vor noch nicht allzulanger Zeit als undenkbar erschienen wäre.
Dennoch gibt es für die streitbaren elsässischen Dichter und Schriftsteller manchen Anlaß, in aller Form darauf zu beharren, „daß mer noch do sen, elsassische Elsasser em Elsaß“. Sie sind die beherztesten Verfechter dafür, die Mundart dem Getto zu entreißen und damit der elsässischen Selbstentfremdung entgegenzuwirken. Lange, allzulange hat man nach ihrer Meinung zugesehen, wie durch die Pariser Sprach- und Schulpolitik das sprachlich-kulturelle Erbe verloren zu gehen drohte. „A Volk, das sini Sproch ufgit, das b'haltet si Charakter nit!“, das gilt für den gesamten alemannischen Sprachraum. So betrachtet, ist es als positiv zu bewerten, daß trotz aller obrigkeitlicher Pressionen in der Vergangenheit im Elsaß noch eine erstaunlich hohe Sprachsubstanz vorhanden ist. Ungefähr siebzig Prozent der Erwachsenen sprechen oder verstehen, nach dem heutigen Stand, Dialekt, aber — nur noch ein Viertel der städtischen Jugend benutzt die Mundart als Erst- oder Zweitsprache. Hochdeutsch wird von der Jugend zunehmend als Fremdsprache empfunden.
Freilich muß hier zwischen Stadt und Land unterschieden werden. In den großen Städten gilt der

Dialekt oft „als nicht fürnehm". Französisch ist, wie schon zu Goethes Zeiten, die Sprache des Bildungsbürgertums, während in der Provinz vorwiegend das anheimelnde Elsässerditsch gesprochen wird.

„Im Elsaß", so wird in einer Studie von Wolfgang Ladin über das Sprachverhalten festgestellt, „ist eine eher schlecht französisch sprechende dialektophone Landbevölkerung zu Hause, die sich in die ‚Pose eines Gastarbeiters im eigenen Lande' gedrängt sieht."

Die Bewegung „Unsri Gerachtigkeit", französisch: Mouvement pour l'autogestion culturelle en Alsace, ist bemüht, dem von der culture bedrohten Brauchtum und der Sprache ihren angestammten Platz zu erhalten. Recht forsch verficht dieses Anliegen in Wort und Schrift André Weckmann, Träger des Johann Peter Hebel-Preises. Nirgendwo ist der elsässische Schicksalsweg mit den verschiedenen „Häutungen" ergreifender, überzeugender dargestellt als in seinem Roman „Wie die Würfel fallen". Für ihn ist das Elsaß „Min Land", ist der Rhein mehr Brücke als Verbindungs- und Durchgangsland. Und er trifft sich mit René Schickele, der in dichterischer Schau das Oberrheinland in seiner Gesamtheit zu erfassen suchte:

„Das Land der Vogesen und das Land des Schwarzwaldes waren wie die zwei Seiten eines aufgeschlagenen Buches; ich sah deutlich vor mir, wie der Rhein sie nicht trennte, sondern vereinte, indem er sie mit einem festen Falz zusammenhielt. Die eine der beiden Seiten wies nach Osten, die andre nach

Westen, auf jeder stand der Anfang eines verschiedenen und doch verwandten Lieds, und so war es Europa, das offen vor mir lag. Vom Süden kam der Strom und ging nach Norden, und er sammelte in sich die Wasser aus dem Westen, um sie als Einziges, Ganzes ins Meer zu tragen."

In hymnischer Verklärung erscheint Victor Hugo der Rhein als Strom der Krieger und Denker. Auch ihm, dem glühenden Patrioten, raunen die Wasser eine große Schicksalsmelodie zu:

„Es war zu Kehl (1839) vor einem Jahr, wo ich den Rhein zum ersten Male sah. . . Lange habe ich diesen stolzen, edlen Strom betrachtet, der da so heftig, aber nicht maßlos, so wild und doch majestätisch dahinfloß. Er war hochgeschwollen und sah, als ich über ihn wegfuhr, großartig aus. An den Schiffen der Brücke wischte er sich das gelbe Haar ab, seinen ‚schlammigen Bart', wie Boileau sagt. Beide Ufer versanken im Abenddunkel. Sein Gebrause war ein mächtiges und friedliches Gebrüll. Er hatte etwas Meereshaftes an sich.

Ja, mein Freund, das gibt dem Fluß seinen Adel, daß er gleichzeitig feudal und republikanisch, kaiserlich und würdig, deutsch und französisch sein kann. Die ganze europäische Geschichte, von diesen beiden großen Gesichtspunkten aus betrachtet, spiegelt sich in diesem Strom der Krieger und Denker, in dieser herrlichen Welle, die Frankreich begeistert, in diesem geheimnisvollen Gemurmel, das Deutschland besinnlich macht."

Die Welt der Realitäten stellt sich anders dar als die Welt, wie sie die Dichter sehen. Zwischen den

„Welschen", wie er die Innerfranzosen nennt, und den „Schwowa", der keineswegs bösartigen Bezeichnung für die Deutschen, sitzt der Elsässer, angestrengt bemüht, sich aus seiner Verkrampfung, von seinem elsässischen Trauma zu befreien. De Gaulle, Pompidou, Giscard d'Estaing — sie alle haben ihn ermuntert, den Ballast der Vergangenheit, die alten Komplexe über Bord zu werfen, der einzige Weg, seine Identität wiederzufinden.

Doch so einfach scheint das nicht. Der Straßburger Schriftsteller und Satiriker Frédéric Hoffet hat es in einer „Psychoanalyse de l'Alsace" betitelten Studie unternommen, ein Psychogramm des typischen Elsässers zu erstellen, den es natürlich ebensowenig gibt wie den typischen Deutschen, den typischen Engländer oder den typischen Italiener. Dennoch kommt die Charakterbeschreibung — mit einigen Abstrichen — der Natur des Elsässers, seiner geistigen Verfassung und seinem ewigen Hin- und Hergerissensein recht nahe.

Nach Hoffet wünscht sich der Elsässer eine hundertprozentig französische Seele und drängt also die germanischen Impulse zurück. So sehr er sich davon überzeugen möchte, daß er ein Franzose ist wie alle anderen, es genügt, einen Witz über seinen Namen, seinen Dialekt, seinen Akzent, wenn er französisch spricht, um ihn daran zu erinnern, daß er eben doch anders ist. Seine Gefühle den ‚Innerfranzosen' gegenüber sind die des Adoptivsohnes gegenüber den ehelichen Kindern. Seinen Minderwertigkeitskomplex gleicht er deshalb durch überhöhten Patriotismus aus. Zurückdrängen und Kompensieren schaffen natürlich Seelenkonflikte, deren bildlicher Ausdruck der ‚Hans im Schnokeloch' ist. Hans hat germanische Züge und will es nicht eingestehen. Hans wünscht sich eine integral französische Seele, und die kann er nicht haben . . . Natürlich würde es genügen, wenn sich Hans mit dem zufriedengäbe, was er hat, nämlich seine Doppelnatur, sein Elsässertum, dann würde er dem Sumpfloch der Schnaken und Komplexe entweichen und hätte, was er eigentlich wünscht und braucht: Gleichgewicht und Seelenfriede.

Stimmte das hier entworfene Porträt in allen Facetten mit der Wirklichkeit überein, so müßte man erwarten, daß uns „der Elsässer" als ein an erkennbarer Schizophrenie leidender Mensch entgegentrete, als ein Wesen, das immerdar an seinem inneren Zerrissensein krankt.

Schaut man sich indessen mit offenen Augen im Lande um, so wird man den papierenen Homunculus vergeblich zu orten versuchen. Kein fröhlicher' Land weit und breit mit so vielen fröhlichen, daseinslustigen Menschen darin! Psychogramm hin, Psychogramm her — die Elsässer sind ein gesunder, natürlicher Menschenschlag, wie sonst hätten sie die über ihre Heimat verhängten Heimsuchungen überstanden! Vielleicht — mögen sie in diesem Punkte auch noch so allergisch sein — ist es gar das alemannische Erbteil, ein winziges Restchen nur, dem sie die Kraft zum Überleben verdanken? Jenen eingefleischten Willen zum Seßhaftsein und Seßhaftbleiben, der es den Alemannen, welcher Nation sie heute auch angehören, möglich machte, sich durch die

Jahrtausende auf dem Boden zu behaupten, in den sie nach dem Abzug der Römer die Pfähle für ihre Häuser rammten.

Anders als die auf endlosen Kriegs- und Beutezügen bis nach Vorderasien und Nordafrika umherstreifenden Goten, Vandalen und Normannen, war der Stamm der Alemannen nur einmal „unterwegs". Und nur so lange, bis man die Römer überrannt hatte. Danach, so läßt Herbert Rosendorfer einen ungenannten Alten aus dem Schwarzwassertal in einem imaginären Gespräch erzählen, hätten sich die Alemannen in dem Gebiet zwischen Genfer See und dem Limeswall, zwischen Vogesen und Lech niedergelassen oder vielmehr festgesogen, hätten sich von da ab nicht mehr fortgerührt, hätten sofort angefangen, Häusle zu bauen, Nummernkonten einzurichten und Uhren herzustellen, „und das bis heute."

Daß das alemannische Sitzfleisch in der Tat von unverwüstlich dauerhafter Beschaffenheit sein muß, bezeugen einträchtig Schweizer und Elsässer, die Baden-Württemberger und die Liechtensteiner. Nichts und niemand vermochte sie von dort fortzubewegen, wohin sie einmal ihren Fuß gesetzt hatten. Die „Standortwahl" bereitete ihnen keine Mühe: Sie, die aus dem unwirtlichen Norden kamen, siedelten dort, wo die Sonne am häufigsten schien.

Das Wurzelschlagen ist fraglos eines jener alemannischen Elemente, die von Kindesbeinen an zur Ausstattung des Elsässers gehören. Dazu kommt, ein Blick über den Rhein, wo die Badener sitzen, genügt, die wahrhaft grenzüberschreitende alemannische Sinnesfreude, die Lust am Schmausen und Bechern, am Feiern und Fröhlichsein. Die Weinberge des Elsaß blicken alle zum Rhein, auf der Westseite der Vogesen gedeihen keine Reben. Dieselbe Blickrichtung haben die Spätburgunder- und Rieslingreben in der Vorhügelzone des Schwarzwald, auch sie spiegeln sich im Rhein.

Da wie drüben die kleinen verräucherten Weinschenken, die hier zum „Löwen", zum „Rebstock", „Zur Grünen Bettlad" oder „Zum süßen Löchel" heißen und drüben „Winstub", „Winkächele", „Duckdich", „Heiliggrab", „Elfimeß" und „Liebherrgottstierel". Der gleiche Wein blinkt in den Gläsern, nur hat er bisweilen einen anderen Namen. Der Ruländer wandelt sich zum pinot gris, der Gutedel zum Chasselas, und zu beiden Seiten des Rheins begleitet zur Herbstzeit der duftende, warme Zwiebelkuchen den „Neuen", der frisch aus der Kelter fließt. Die joie de vivre macht am linken Ufer des Rheins beileibe nicht halt, sie schwappt über und treibt den alemannischen Pulsschlag zu höchsten Frequenzen. Auch die Rheinschnaken stechen gleicherweise hüben wie drüben. Nur mit dem Unterschied, daß ihnen der Elsässer ein „Nundediawel" (nom de diable), sein badischer Vetter ein „Sauviech, verreckts!" hinterherschickt.

Ungeachtet der beiderseits vorhandenen urwüchsigen Mentalität reduziert sich letztlich aber das Alemannische im Elsaß auf den Dialekt und auf die zerfallenen Burgruinen aus der Zeit des alten Herzogtums Schwaben und Elsaß. Mehr ist nicht geblieben. Anderwärts mag vielleicht mit einiger Berechti-

gung von einer Renaissance des Alemannischen gesprochen werden können, im Elsaß — vestigia terrent — wird sich keine Hand dafür regen.
Enfin, redde m'r nimm devun! Nicht von Vergangenem, nicht von versteinter Schuld und schon garnicht von einem gemeinsamen Ahnenerbe . . .

# *VI. Das Land CH*

Mit den Alemannen haben sie wenig im Sinn. Sie sind — wer wollte es ihnen verdenken — vor allem Schweizer, freie Bürger in einem freien Land, der Conféderation Helvetique.

Dabei könnten sie, würden sie Wert auf Zugehörigkeit zum alemannischen Volkskörper legen, durchaus den Nachweis führen, daß sie, ausgewiesen durch ihre Herkunft, ihre Geschichte und ihre Sprache, am ehesten noch als „echte" Nachfahren der Alemannen gelten dürfen. Ausgenommen natürlich die romanischen Volks- und Sprachgruppen, die dem Bund der Eidgenossenschaft angehören. Nach einer Statistik über das Sprachverhalten aus dem Jahr 1970 sprechen

| | |
|---|---|
| Deutsch als Muttersprache | 74 Prozent |
| Französisch | 20 Prozent |
| Italienisch | 4 Prozent |
| Rätoromanisch | 1 Prozent |

Nun ist es freilich mit dem Deutsch, das die Dreiviertel-Mehrheit der Schweizer spricht, eine eigene Sache. Das Schwyzerdütsch, seit einiger Zeit auch amtlicherseits bewußt gepflegt, kann zwar seine Wurzeln nicht verleugnen, doch so unüberhörbar Johann Peter Hebels Sprachmelodie in jedem Satz auch aufklingt, so entschieden wehren sich die Schweizer dagegen, das heimatliche Idiom mit dem Etikett „alemannisch" zu versehen. Und je mehr die „Schwobe" drüben den Bindeglied-Charakter des Alemannischen betonen, desto mehr gehen die Schweizer — Verwandtschaft hin, Verwandtschaft her! — auf Distanz. Man wird sich weder unter dem alemannischen noch unter irgendeinem anderen Panier sammeln, um Gemeinsamkeiten zu entdecken, die, obschon vorhanden, besser unerwähnt bleiben.

Das Phantombild einer alemannischen Identität über die Grenzen hinweg löst sich aus Schweizer Sicht in ein nebuloses Nichts auf.

„Bin ich Alemanne?", fragt sich, erkennbar beklommen, der Züricher Literaturprofessor Adolf Muschg und gibt sich sogleich selbst die Antwort darauf. „Vestigia terrent", zu deutsch: eigentlich lieber nicht", betont er gleich eingangs in einem Beitrag, den er für die Zeitschrift „Allmende" verfaßte. Darin führt er, sicher in Übereinstimmung mit der allgemeinen Einstellung seiner Landsleute, die Gründe an, die den Schweizern Allergien verursachen, wenn sie auch nur zu wittern meinen, der ungeliebte Vetter aus nördlichen Breiten, der „Schwob" schicke sich an, sie zu umarmen.

„In der Heimatkunde", erinnert sich Muschg, „kamen die Alemannen vor, sie hatten sogar Zollikon gegründet, Hof des Zollo. Aber im Notfall war ich ein Helvetier, die waren vorher dagewesen und hatten erst ihre eigenen Dörfer verbrannt, Cäsar beinahe geschlagen, bei Bibracte (58 v. Chr.) mit Hilfe ihrer Wagenburgen, und ihre Namen klangen besser als Zollo: Divico! Orgetorix! (Heute würden sich meine Kinder in ähnlichem Fall auf Asterix besinnen.) Unser General, wir hatten nur einen, nur für den Notfall, redete französisch. Les Allemands, les armées allemandes — das waren wir nicht. Nicht mit uns. Die Alemannen — das waren die anderen . . .

Das Gefühl alemannischer Zusammengehörigkeit will nicht fühlbar werden. Ich kann es stützen. Ich kann an den neuen Regionalismus denken, die Liedermacher, die Mundart, an Martin Walser, lauter erfreuliche Vorstellungen, gute alemannische Kunde. Die Gegenerinnerung will sich nicht verscheuchen lassen. Ein bißchen politisches Grün tut es mir auch im Frühling nicht. Ich mißtraue der eigenen Mundart, wenn sie sich zur Ideologie herausputzt . . .

Ich bin gegenüber alemannischem Verbrüderungsjubel alemannisch humorlos. Ich weigere mich aufgrund der Tatsache, daß Blasmusiken, Fastnachtkomitees, Festreden und Schimpfwörter auf beiden Seiten des Rheins bekannt tönen, zu Vertraulichkeiten überzugehen. Ich mag auch Schweizer Blasmusiken nicht.

Wirkliche Nachbarschaft — Nachbarschaft im Wirklichen — braucht nicht mit roten Backen unterstrichen zu werden. Für wen oder was soll ich auch jetzt noch Alemanne sein? Das klingt nach Verbindungsbruder auf der Ebene Verkehrsverein. Ich finde es angenehm, daß ich heute in Straßburg oder Freiburg meine Mundart reden kann und die Mundart meines Partners verstehe. Aber daraus möchte ich mir kein neues Selbstverständis machen."

Präziser als mit dem Satz „Das Gefühl alemannischer Zusammengehörigkeit will nicht fühlbar werden" läßt sich die Einstellung der Schweizer (wie auch der Elsässer) nicht beschreiben. Vielleicht wird man vom Bodenseegebiet bis zur Via Mala noch auf weitere alemannische Reihengräber aus der Frühzeit stoßen, Grab für Grab unumstößlicher Beweis, daß die deutschsprachigen Kantone nach der Vertreibung der Römer von den Alemannen besiedelt wurden; vielleicht gelingt der Geschichtsforschung der Nachweis, daß sich der alemannische Siedlungsraum vormals bis zum Genfer See erstreckte. Dennoch werden es die Eidgenossen vorziehen, sich lieber auf die untergegangenen und von den Alemannen überrollten Helvetier zu berufen.

Die Erklärung für diese Haltung ist in der Schweizer Geschichte zu suchen. Bereits im Jahre 1291 hatten die unter den Staufern zu Reichsländern erhobenen Talschaften Uri, Schwyz und Unterwalden den Ewigen Bund der Eidgenossen beschlossen, faktisch eine Vorwegnahme der politischen Trennung vom Reich, die 200 Jahre später, im Frieden von Basel erfolgte. Die Hirtenkrieger hatten als selbsternannte „Urfreie" im Kampf gegen „die großen Hansen" ihre Unabhängigkeit errungen. Sie hatten die Zwingburgen der Habsburger gebrochen und dabei die ur-alemannische Lust am Kriegshandwerk entdeckt. Sie dienten als Söldner mal im deutschen, mal im französischen Lager. Sie waren in den Mailänder- und Burgunderkriegen dabei und unternahmen — einmal in Schwung gekommen — Raubzüge bis ins savoyische Waadtgebiet und weit in die Freigrafschaft Burgund hinein. Im Konflikt zwischen den Valois und den Habsburgern um Italien gab es den Ausschlag, auf welche Seite sich die Schweizer Reisläufer schlugen. Und sie schlugen sich in der Regel auf die Seite der Herren, die am besten zahlten.

„Pas d'argent, pas des Suisses!" — kein Geld, keine Schweizer! Die Konditionen, zu denen man die schlachtenerprobten Schweizer Söldner haben konnte, waren klar. Zusammen mit den schwäbisch-alemannischen Landsknechten bildeten sie eine Streitmacht, die der Fahne den Sieg verhieß, unter der sie gerade kämpfte.

Die Bezeichnung Landsknechte tauchte erstmals zu Beginn des 15. Jahrhunderts auf und galt ursprünglich für die Bewohner des rechten Rheinufers zwischen Bregenz und Feldkirch. Sie waren mit 18 Fähnlein an der Schlacht von Pavia 1525 beteiligt. Insgesamt wird die Zahl der Schweizer, die vom 15. bis ins 17. Jahrhundert als Söldner in fremden Heeren dienten, auf 2 Millionen Soldaten, 60 000 Offiziere und 700 Generale geschätzt. Die Zahl derer, die irgendwo auf den europäischen Schlachtfeldern als Söldner ihr Leben ließen, ist unbekannt und kann nur geschätzt werden.

Im 15. Jahrhundert, zur Zeit Ludwig XV. wurden förmliche Soldverträge mit den Schweizer Kriegshandwerkern abgeschlossen, dergestalt, daß die eine

Hälfte bei Habsburg, die andere bei den Franzosen diente, hier wie dort meist von eigenen Schweizer Offizieren befehligt. Das Werbegeschäft wurde von berufsmäßigen Soldunternehmern mit obrigkeitlicher Genehmigung betrieben. Daß das Gewerbe blühte, bezeugen die 50 000 bis 60 000 Mark starken Schweizergarden, die „roten Schweizer", die in fremden Diensten standen. Spanien, Frankreich und Savoyen, die Niederlande, Neapel und Österreich zahlten für jeden angeworbenen Schweizer Söldner gut angelegtes Geld, denn die braven Schweizer ließen sich eher in Stücke hauen, als daß sie kampflos die Waffen streckten oder gar zum Feind überliefen.

Nicht wenige Geschichtsschreiber haben sich über den Handel erregt, der da mit Wissen, ja sogar mit Förderung durch amtliche Stellen betrieben wurde. Sie übersahen dabei vor allem die unvorstellbare Armut, die die Bewohner der entlegenen Gebirgskantone veranlaßte, sich unter Gefahr von Leib und Leben als Söldner zu verdingen. Für die Eltern war jeder Sohn, der fortzog, unter fremden Fahnen zu kämpfen, ein Esser weniger am Tisch, für die Kantonsverwaltungen bedeuteten die „Pensionen" die einzig sicheren Staatseinnahmen. Der Handel mit den Landeskindern war mehr oder weniger eine ökonomische Notwendigkeit, er absorbierte, wie es sachlich-nüchtern in einem Geschichtswerk heißt, auch das Zuviel an Bevölkerung.

Es mochten sich in diesen blutigen Jahrhunderten wohl manche nach den staufischen Zeiten zurückgesehnt haben, als der Schweiz unter der kaiserlichen

Reichspolitik eine zentrale Position zukam. Uri und Schwyz waren Reichsländer, und die Reichsstädte Zürich, Vorort des alemannischen Herzogtums im 10. Jahrhundert, Solothurn und Bern erfreuten sich eines bislang unbekannten Wohlstandes. Das Bistum Basel war eine von den deutschen Königen mit vielen Privilegien ausgestatteter Stützpunkt wie zuvor das Reichsbistum Chur im alten Herzogtum Schwaben, das das heutige Baden-Württemberg, die Schweiz und das Elsaß umfaßte.

Erst die nach dem Zerfall der Staufermacht einsetzende Zersplitterung in zahllose Adels- und Klerusherrschaften, insbesondere aber die habsburgische Unterdrückungspolitik, ließ das bis dahin friedliche Land aufbegehren. Der Wiener Hof leitete aus seinen bis ins 10. und 11. Jahrhundert zurückgehenden Besitzungen im Aar-, Frick- und Zürichgau Herrschaftsansprüche ab, für die jeder Rechtstitel fehlte. Zwar hatte unter dem ersten Habsburger, Rudolf Graf von Habsburg, Landgraf im oberen Elsaß, Herr im Aargau, Silsgau und Fricktal und Herr in den vorderen Waldstädten am Rhein, die Idee eines festgefügten habsburgischen Staates Schwaben von den Alpen bis zum Rhein und von den Vogesen bis zum Lech vorübergehend Kontur angenommen. Doch der vom Vater zum Herzog in Schwaben ernannte jüngere Sohn Rudolf ertrank 1280, ehe noch die Institution des alemannischen Herzogtums wiederhergestellt werden konnte.

Den bündischen Kräften im Alpenland, die sich zu genossenschaftlich organisierten Talschaften zusammengeschlossen hatten, stellte sich die Frage,

wessen Untertanen sie zu werden wünschten, nicht. Sie wollten ihre Freiheit, nicht mehr und nicht weniger. Und sie erkämpften sie.
Der Schweizer „Gewalthaufen" überrannte bei Morgarten und Sempach das eisenstarrende österreichische Ritterheer, und der Burgunderherzog Karl der Kühne entging bei Murten nur knapp dem Tod in der Schlacht. Mehr als 20 000 seiner Soldaten, Burgunder, Italiener und Savoyer, lagen erschlagen an den Ufern des Murtensees. Ein paar hundert, die versuchten, sich über den See zu retten, wurden umgebracht „wie die Wasservögel". Nur einem einzigen Kürassier gelang es, das jenseitige Ufer zu erreichen.
Für Karl, den „Großen Herzog des Abendlandes", war es nur ein Aufschub. Die verbündeten Schweizer, Elsässer und Lothringer kesselten ihn und seine Armee in Nancy hoffnungslos ein.
Vor Nancy ging es nun nicht mehr um die Schweizer Freiheit. Die 10 000 Mann, die sich als Hilfstruppen für das Heer des Lothringerherzogs René anwerben ließen — viereinhalb Gulden erhielt der gemeine Mann pro Tag — lockte das Abenteuer ebenso wie die Aussicht auf Beute. Sie hofften, daß ihnen ein ähnlicher Fang wie bei Murten gelänge, als man neben den Juwelen und dem goldenen Stuhl Karls des Kühnen noch an die 2 000 burgundische Lagerdirnen ins eigene Lager brachte.
Mit den Mädchen wußten die Kriegsknechte wohl besser umzugehen als mit den Juwelen, die ihnen in die Hände fielen. Mit einem Anflug von Bedauern, stellte der Fugger, Jakob der Reiche, fest, daß „die

einfältigen Schweizer, die sich besser auf Kühe als Kleinodien verstunden, die köstlichen Perlen und Edelsteine um ein Spottgeld verkauften". Hätten sie doch bei ihm zu Augsburg angeklopft . . .

Es war im buchstäblichen Sinne ein rechter Gewalthaufen, der sich zum Feldzug gegen die Burgunder in Basel sammelte, den Burgunderherzog endgültig niederzuwerfen. Der Wein floß in Strömen und als man sich auf dem Rhein einschiffte, schlugen mehrere mit Betrunkenen besetzten Boote um. 140 Mann fehlten beim Appell.

Über das friedliche Elsaß fielen die Söldner beim Durchmarsch her „ohngeacht des Umbstand, daß wir und sie in dieser Fehd gegen den Lotharinger Waffenkamerader sein", heißt es in dem Bericht eines zeitgenössischen Chronisten. Für Karl gab es kein Entrinnen. Als die Schlacht bei Nancy geschlagen war, fand man am Tag darauf seine Leiche, nackt und von Leichenfledderern ausgeplündert, im Morast eines Dorfweihers.

Wer konnte sich unterfangen, die von nationalem Hochgefühl durchdrungenen, allezeit zum Dreinschlagen bereiten Schweizer bei einem Reich zu halten, das im Dreißigjährigen Krieg die verheerendste Heimsuchung erlebte. Doch selbst wenn es zu dieser Schwächung nicht gekommen wäre, der unbändige Freiheitsdrang der Eidgenossen würde sich, so oder so, seine Bahn gegen alle Widerstände gebrochen haben.

Was bis dahin als ein Glied der alemannischen Volkseinheit gelten durfte, war nun ein in sich geschlossenes, lebenskräftiges Staatswesen, das entschlossen

die verwandtschaftlichen völkisch-alemannischen Bindungen zum Nachbarn kappte. Es entwickelte sich eine eigenständige Mundart, das für einen Fremden nahezu unverständliche, kehlige Schwyzerdütsch, ein Dialekt, der in einer Leserzuschrift an ein bekanntes deutsches Wochenmagazin so beschrieben wird: ,,Wer dazu Sprache sagt, beleidigt die Sprache allgemein, denn selbst ein gebildeter Schweizer wird Schwyzerdütsch als das bezeichnen, was es ist — als Halbsprache oder einfach als Bauredütsch — also Bauerndeutsch.''
Daß sich das Schwyzerdütsch als allgemein akzeptierte Sprachform durchsetzte, rührt zu einem großen Teil vom Gesangbuch her. Die gestrenge Predigersprache Ulrich Zwingli's nämlich, des Reformators der deutschen Schweiz, war Schwyzerdütsch. Und so wie Martin Luther als Sprachschöpfer mit seiner Bibelübersetzung die deutsche Hochsprache beeinflußte, so prägte Zwingli in seinen donnernden Predigten von der Kanzel des Züricher Großmünsters herab der Sprache seinen persönlichen Stempel ein.
Während sich die an korrektes Hochdeutsch gewöhnten Touristen aus Düsseldorf oder Hamburg ratsuchend nach einem Dolmetscher umschauen, klingt die Mundart den Schweizern selbst ,,gruusig guet'' in den Ohren. Die eigenständige Sprache trägt das ihre zum landsmännischen Sonderbewußtsein der Schweizer bei, und es liegt durchaus Absicht darin, im Rundfunk und zum Teil auch im Fernsehen dem einheimischen Dialekt Vorrang vor dem Hochdeutschen einzuräumen. ,,Dabei macht'',

so Professor Muschg, „nicht das Deutschlernen den Schweizern wirkliche Mühe, sondern zu akzeptieren, daß auch Hochdeutsch, in eigenständig helvetischer Ausprägung, zu unserer kulturellen Identität gehört".

Aus alledem wird eines deutlich: von Basel bis nach Appenzell, von St. Gallen bis nach Chur, im ganzen, zweifelsfrei von Alemannen bewohnten Raum, wäre wohl keine einzige Menschenseele aufzuspüren, die den Alemannen in sich frei heraus bekennt. Man ist Schweizer, bedarfsweise auch Eidgenosse oder Helvetier. Auf keinen Fall aber Alemanne.

Ist es Winkelseligkeit, die es den Deutsch-Schweizern geraten erscheinen läßt, Abstand von ihrer geschichtlichen Vergangenheit zu halten, die Stammesnaht zwischen ihnen und dem deutschen Nachbarn aus dem Bewußtsein zu verdrängen? Es scheint zum mindesten so, daß für sie mehrheitlich das Jahr 1 ihrer eigenen Geschichte mit dem Rütlischwur beginnt. Was vorher war, bewahren nur noch die alten Folianten in den Archiven auf.

Es hat, dies darf unter diesem Aspekt nicht übersehen werden, nie eine gemeinsam alemannische Volkskultur gegeben, wie sich auch nie eine einheitliche, politisch geformte Zusammengehörigkeit entwickeln konnte. Den Gemeinsamkeiten, die der Wahlschweizer Hermann Hesse in einer Betrachtung über die Grenzen hinweg, aufführte, fehlt der Kitt. Es stimmt jeder Satz, den Hesse schrieb, dennoch ergeben alle von ihm konstatierten Übereinstimmungen in der Summe kein Ganzes. Das Vorhandensein der Grenzen, „in denen die Alemannen leben“, so Hesse, „äußerte sich nirgends und niemals in wesentlichen Verschiedenheiten der Menschen, ihrer Sprache und Sitte. Es zeigten sich diesseits und jenseits dieser Grenze weder in der Landschaft noch in der Bodenkultur, weder im Hausbau noch im Familienleben merkliche Unterschiede.“

Auf der Landkarte gibt es einen zentralen Punkt, der Mitte und Herzstück des nicht existenten Alemannenlandes ist: der Ort, auf der man der Substanz des alemannischen Wesens am nahesten kommt, ist die geistig so fruchtbare Landschaft um den Bodensee. Die gleichen Chaibe hüben wie drüben, dieselbe Sprache, derselbe dickschädelige Menschenschlag, gemeinsames Erbgut in Brauchtum und Lebensart noch heute wahrnehmbar. Hier, auf der Bodensee-Insel Reichenau, notierte der gelehrte Abt der „riche au“, Walafried Strabo im 9. Jahrhundert: „Die Alemannen und Schwaben sind ein Name für ein Volk. Alemannen nennen uns die benachbarten Völker, welche lateinisch reden, Schwaben nennen uns die Barbaren.“ Und an anderer Stelle fügt der Gottesmann hinzu, rund um den Bodensee sei Germanien gelagert.

In der Tat: alles, was rings um den See in dieser südlich weichen Landschaft liegt, ist alemannisch. Im Norden nennen sie sich Schwaben, im Süden Schweizer, bei Bregenz Vorarlberger und im Westen Badener, sie schwätzet halt bloß a bißle anders. Mit alemannischem Zungenschlag bestätigt Professor Georg Thürer aus dem Kanton St. Gallen: „Der Bodesee isch zmittst inne im alemannische Land. Er gehört de Dütsche, de Östricher und de Schweizer.“

Hier wird, von geringen mundartlichen Abweichungen abgesehen, das reine Alemannisch gesprochen, doch mit der Entfernung von dem alemannischen Sammelbecken des Bodensees — eine „voll Wasser gelaufene Fußspur am Rand der Weltgeschichte“ — kommt es zu Lautverschiebungen und mundartlicher Mehrschichtigkeit. Nicht der Volksstamm ist gewandert, vielmehr wanderte seine Sprache, so, wie ein Lied wandern mag.

So wandelt sich von Basel bis Straßburg und Karlsruhe der weiße Bibbeliskäs vom Hafechäs zum süre Käs und zum Ofechas; die Kartoffel heißt hier Grumbire, dort Herdapfel, und ein paar Kilometer weiter Bodebire. Es braucht ein geschultes Ohr, Hoch-, Mittel- und Niederalemannisch, Schwäbisch und die Dialekte des Schwyzerdütsch auseinanderzuhalten. „Hand'r scho gveschperet?“ fragt man in Oberschwaben zur Begrüßung den Nachbarn, und wer im Breisgau oder im Appenzeller Land um drüviertel zahni no nit Nüüni gmacht hat (sein Morgenvesper eingenommen), der hat das Beste vom Tag versäumt. In diesem Punkt sind sich ausnahmsweise alle einig, die Basler „Bebbi“, die „Steckelburger“ von Straßburg, die Freiburger „Bobbele“, die Karlsruher „Brigante“ und die Stuttgarter „Früchtle“.

Ansonsten jedoch ist der Graben, der die Schweizer und die Schwobe trotz enger Verwandtschaft trennt, noch tiefer, noch unübersteigbarer als der zwischen den deutsch-schweizer und den welschen Kantonen. Allem Anschein nach sind sich die alemannischen Vettern wohl zu ähnlich, als daß sie einander herzlich zugetan sein möchten. An Liebenswürdigkeiten, mit denen man dem anderen eins auswischt, fehlt es nicht.

Trutzig stoßen die Eidgenossen ins Alphorn:

*Schwob, Schwob, Schwob,*
*henk di an e Wog,*
*henk di an e Besestiel,*
*de Tüfel holt, wann er will.*

Prompt dröhnt es von drüben zurück:

*Schwizer Narre*
*fahret mit em läre Charre,*
*fahret übers Brüggli,*
*fanget alle Müggli,*
*stecket's an e Gäbeli,*
*lueget, wie sie zäbelet,*
*bindet's in Tüechli*
*frässed's für e Chüechli.*

Solches kann natürlich ein Schweizer nicht auf sich sitzen lassen. Umgehend gibt er's den Schwobe zurück:

*Wenns Straßburger Münster*
*e Chnöpfliturm wär,*
*so chäme die Schwobe*
*im Sturmschritt daher.*

Die sackgrobe Antwort läßt nicht auf sich warten:

*Schwizer*
*siebe für ä Krüzer,*
*acht für ä Schmutzbolle*
*git ä ganzi Kappi volle.*

Die Kostproben — es gibt eine ganze Auswahl von noch derberer Machart — mögen genügen. Eher ändert der Rhein, der beide Lände durchfließt, seinen

Lauf, als daß man ein gutes Wort füreinander fände. Da hat jeder seinen unbeugsam-uralemannischen Stolz.

Die nachbarschaftlichen Animositäten, die sich im Lauf von Jahrhunderten aufgestaut haben, sollte man indessen nicht überbewerten. So lange es bei gegenseitigen Neckereien bleibt, hängt der alemannische Haussegen nicht schief. Haben doch beide, Schwyzer und Schwobe, die gleiche innige Freude am Essen und Trinken, am Schaffen und Raffen, am eigenen Häusle und am Sparbuch. Wäre da, bigott, kein Steg zu zimmern, der über den Graben führt? Gilt doch für die Sprache des Einen wie des Anderen das großartige Wort von Hermann Burte:

*Hochdietsch, sell sin g'sägti Bretter,*
*d' Mundart isch e Wald im Saft.*

# *VII. Das Ländchen FL*

Der so weitverbreiteten alemannischen Familie gehören auch die Bürger des Fürstentums Liechtenstein an. Das kleine Ländchen gehörte in römischer Zeit zur Provinz Raetia und kam im Jahre 917 an das Herzogtum Alemannien und damit in den Verband des Deutschen Reiches. Heute ist der zwischen Österreich und der Schweiz eingeklemmte Zwergstaat der letzte Repräsentant des dermaleinst 343 Glieder umfassenden Heiligen Römischen Reiches Deutscher Nation.

Doch halten wir uns an die Zeittafel. In den Jahrhunderten des großen Alemannen-Sturmes, 400 bis 600 n. Chr., wurde Raetien von den Limes-Bezwingern eingenommen. Für die Alemannen war der Einmarsch in das nach dem eiligen Abzug der Römer schutzlos zurückgebliebene Land ein militärischer Spaziergang. Die Bewohner hatten sich in die Berge des Raethikon geflüchtet und kehrten erst zögernd zurück, als die neuen Herren Anstalten trafen, sich im Land häuslich einzurichten. Sie folgten auch hier ihrem ehernen Grundsatz, nimmer von einem Boden zu weichen, den sie einmal in Besitz genommen.

Das in 250 Jahren unter römischer Verwaltung kultivierte Land, selbst Teil des Imperiums, bot Raum für alle, für die Alemannen und die Eingesessenen, die sich durch die römische Zuwanderung zum Teil lateinisiert hatten. Man fand zu einem friedlichen Miteinander. Die Rätier nahmen mit der Zeit die Sprache der alemannischen Oberschicht und deren Lebensweise an. Die durch ihre Verdienste im Kampf gegen Rom in der besonderen Gunst des Ostgotenkönigs Theoderich stehenden Sippenführer der Alemannen hatten sich dank der ihnen übertragenen Machtbefugnisse zu Herren der Region am Oberrhein aufgeschwungen. Wie es scheint, zum Vorteil des Landes und seiner Menschen, zieht man die spärlichen, bruchstückhaften Aufzeichnungen heran, die für diesen Zeitabschnitt vorliegen.

Erkennbare historische Konturen nimmt die Entwicklung an, als der Landstrich Cur-Rätien angegliedert wurde, eine Verbindung, die sich kirchengeschichtlich bis heute erhalten hat: noch immer untersteht Liechtensteins Kirche dem Schweizer Bistum Chur.

Bis zum heutigen Tag lebt auch die Lex Romana Curiensis fort, wie Professor Manfred Schlapp in seinem lesenswerten Werk über die Entstehung des Fürstentums Liechtenstein berichtet. In dem Gesetzeswerk sind römisches Recht und rätisches Rechtsempfinden vereinigt. Diese Lex, die in der Spätantike die Rechtsgrundlage für das römische Rheintal war, unterteilte das Alpenland in Bezirke, in sogenannte Patriae, überschaubare Gebiete, die in einem Tagesmarsch zu durchmessen waren. Von diesen Bezirken hat einzig Liechtenstein Form und Größe einer Patria über die Zeitläufe hinweg gerettet. „Bis heute", stellt Schlapp mit Stolz in der Stimme fest, „ist Liechtenstein eine ‚Heimat' geblieben, die nach dem Maß des Menschen geschaffen worden ist."

Wechselnde Herrschaften geboten in der Folgezeit über den Chur-Rätischen Raum und die Grafschaft Vaduz. Man geriet vorübergehend sogar unter Schweizer „Fremdherrschaft", und die Bürger wurden gezwungen, einen Treueschwur auf die Eidgenossenschaft abzulegen. Doch nach 9 Monaten war der Spuk vorbei. Die Schweizer zogen sich zurück, und wieder, wie so oft in der Vergangenheit, stand das Land zum Verkauf an den Meistbietenden. Die Habsburger, immer darauf aus, ihren Besitz zu arrondieren, hätten gerne das auch strategisch wichtige Ländchen an sich gebracht, doch es fehlte ihnen das Geld. In ihrer finanziellen Verlegenheit baten sie die Vorarlberger Landstände um ein Darlehen, doch die waren, was die Rückzahlungsversprechen des Erzhauses anbetraf, gewarnt. Sie hoben bedauernd die Schultern.

Es sollte noch geraume Zeit verstreichen, ehe Liechtenstein endlich zu seinem Namen kam. Der Kaiser setzte auf Bitten der verarmten Bevölkerung den Fürstabt von Kempten zum Kommissär ein und dieser erkannte, daß das hochverschuldete Land nur durch Verkauf zu sanieren sei. Es meldete sich eine kleine Schar Interessenten, bis dann im Endkampf um das höhere Gebot Fürst Johann Adam von Liechtenstein den Zuschlag erhielt. Er hatte den Bischof von Chur, der 110 000 Gulden bot, mit 5 000 darüber aus dem Feld geschlagen.

Das Stammschloß der Liechtensteiner, die zu einem der mächtigsten und reichsten Adelsgeschlechter Österreichs zählten, ist die Burg Liechtenstein bei Mödling, südlich von Wien. Dort blieben die neuen Herren auch nach dem Erwerb des neugewonnenen Ländchens am jungen Rhein. Sie dachten nicht daran, ihre prächtigen Residenzen zu Wien und Prag aufzugeben und schon gar nicht daran, sich um das Wohl ihrer neuen Landeskinder zu kümmern. Der Hauptzweck, den sie mit dem Kauf des fernen, wirtschaftlich darniederliegenden Landes verfolgten, war erreicht: im Jahre 1719 wurde das vereinigte Gebiet der Grafschaft Vaduz mit der Herrschaft Schellenberg vom Kaiser zum reichsunmittelbaren Fürstentum Liechtenstein erhoben. Als willkommenes Nebenprodukt fielen dabei Sitz und Stimme für die neuen Herren im Reichstag ab.

Liechtenstein hatte für alle Zukunft seinen Namen, doch die Begeisterung der Landeskinder hielt sich in Grenzen, zumal die vom „Fürschten" eingesetzten böhmischen Landvögte ein strenges Regiment führten. Die Armut grassierte wie eh und je. Der Unmut der Bevölkerung stieg in einem Maße, daß sich Wien veranlaßt sah, einen Bericht über die Lage in Liechtenstein anzufordern. Der von einem Landvogt Josef Schuppler ausgefertigte, mit Zynismen und böswilligen Unterstellungen gegen die Bürger angereicherte Rapport sollte ganz offensichtlich dazu dienen, die Schuld der Obrigkeit an den miserablen Zuständen zu vertuschen. Folgendes gab der Landvogt zu Protokoll:

„Die intellektuelle und körperliche Bildung der Landesbewohner hat keineswegs die dem Zeitgeiste angemessene Höhe erreicht, denn die stehen in dieser Hinsicht weit unter ihren Nachbarn . . . An eine Lebensweise gewohnt, bei der das Hirtenleben ihm anlockender als der beschwerliche Feldbau ist, sucht der Liechtensteiner sein Glück in zügelloser Freiheit, fröhlichem Müßiggange und in der Befriedigung aller seiner Leidenschaften, wenn dies gleich dem Nächsten und dem Staate schädlich ist. In seinem Charakter ist er sinnlich, falsch, eigennützig, streit- und zanksüchtig, unmäßig in Speis und Trank, so lange die Vorräte dauern, unbesorgt für die Zukunft und unfähig, in seiner Haushaltung eine vernünftige Ordnung einzuführen. Sein Äußeres ist schmutzig, abgeschmackt, ungeschickt, seine Handlungsweise träge, und alle seine Verrichtungen sind langsam. In seinen Nahrungsmitteln ist er nichts weniger als heikel, allein er bedarf zu seiner Sättigung viel, denn nach eingeführter Landessitte muß des Tages hindurch fünfmal gegessen, und wenn man es vermag, zweimal getrunken werden."

Daß der Bericht eher gegen seinen Verfasser und dessen Vorgänger als gegen die Landesbewohner sprach, ging dem Berichterstatter selbst offenbar nicht auf. Wenn die am anderen Ort seßhaft gewordenen Alemannen überall als ungemein tüchtig und schaffig galten, warum sollten sie dann gerade hier, im Ländchen Liechtenstein, ihre charakteristischen Stammeseigenschaften abgestreift haben?

Möglicherweise stellte auch der ferne Landesherr Überlegungen dieser Art an, die ihn schließlich bewogen, sein Fürstentum mit seinem Besuch zu beehren. Es war im Jahre 1842, als erstmals mit Alois II. ein Fürst von Liechtenstein liechtensteinischen Boden betrat, nahezu 150 Jahre nachdem das Land dem Haus Liechtenstein zugefallen war . . .

Fortan waren die so lange niedergehaltenen Liechtensteiner entschlossen, sich ihre Rechte zu ertrotzen. In einem mannhaften Schreiben an Alois II. bedeutete Peter Kaiser, der Abgeordnete Liechtensteins in der Frankfurter Nationalversammlung, seinem Landesherrn, daß die Aera absolutistischer Willkür zu Ende sei. „Wir wollen in Zukunft als Bürger und nicht als Untertanen behandelt werden!“

Im Schloß hoch über Vaduz wurde die Mahnung verstanden. Eine neue, demokratische Verfassung gestand den Bürgern bisher verweigerte Rechte und Freiheiten zu.

Das in der Menschheitsgeschichte oft, allzuoft bestätigte Wort, der Krieg sei der Vater aller Dinge, sollte sich, was das Schicksal Liechtensteins anbetrifft, zum Besten kehren. Der Erste Weltkrieg, aus dem sich Liechtenstein klug heraushielt, löste das Land aus der Abhängigkeit von Österreich. Wirtschaftlich schloß sich das Fürstentum durch die Einführung des Schweizer Franken zu einer Währungsunion mit der Schweiz zusammen, das Schweizer Zollgebiet wurde bis zur österreichisch-liechtensteinischen Grenze ausgedehnt.

Trotz mancher Lockungen verstand sich Liechtenstein auch aus dem Zweiten Weltkrieg herauszuhalten, vor allem dank des diplomatischen Geschickes des regierenden Fürsten, Franz Josef II. Und während das alte Europa nach der von Hitler verschuldeten Katastrophe verwüstet und ausgeblutet war, ragte das unversehrt gebliebene Liechtenstein, zusammen mit der Schweiz, als glückliches Eiland aus dem Chaos hervor.

Es bedarf keiner Frage, wer unter den in fünf souveränen Staaten beheimateten Alemannen das beste Los gezogen, mit wem es das Schicksal besonders gut meinte.

Das kleine Liechtenstein, vor zwei Generationen noch ein kaum lebensfähiges Gebilde, ist heute das höchstindustrialisierte Land der Erde, das mit seinen technisch hochentwickelten Produkten in über 100 Staaten vertreten ist. Ein Mini-Ländchen mit maximalem Wohlstand, zufriedenen Bürgern und einem allseits verehrten und beliebten Landesvater. Böse Zungen wollen allerdings wissen, das Ruder führe eine internationale Finanz-Mafia, eine Art Gehirn-Trust von Börsianern und Bankiers. Diese ausgefuchsten Finanz-Experten verstünden es, betuchten Ausländern, die ihre Gelder vor der heimischen Finanzbehörde retten wollen, Tips zu geben, wie man heißes Geld unbemerkt in die Steueroase Liechtenstein schafft.

Den Alemannen, seien sie nun Schweizer, Bundesdeutsche oder Elsässer wird ein besonders inniges Verhältnis zu Geld und Besitz nachgesagt. Auf die Liechtensteiner, wird behauptet, treffe diese Eigenschaft in ganz besonderem Maße zu. Tatsächlich sind im Fürstentum Liechtenstein mindestens so viele Briefkastenfirmen wie in der anderen Steuer-Fluchtburg Monaco registriert; tatsächlich wurde durch eine Reihe von Skandalen ruchbar, daß Liechtenstein unter den Waffenschiebern, Steuerflüchtigen und Finanzhasardeuren als der sicherste Tresor für heißes Geld gilt. Auf die 25 000 Einwohner sollen nach überschlägigen Schätzungen pro Kopf je 4 eingetragene Gesellschaften kommen.

Die Liechtensteiner, ausgestattet mit einer gehörigen Portion Bauernschläue, stört das dunkle Raunen über das angebliche Mekka der Steuerhinterzieher nicht. Wie meist in Fällen dieser Art vermischen sich auch hier Wahrheiten und Halbwahrheiten, kommt es zu Entstellungen, geht die Phantasie mit den Verbreitern von Gerüchten durch. Die Regierung des Ländchens müßte eine eigene Dementierstelle einrichten, wollte man alle von Zeit zu Zeit mit konstanter Hartnäckigkeit in die Welt gesetzten übertriebenen Meldungen berichtigen.

Man macht andererseits kein Geheimnis daraus, daß man mit extrem niederen Steuersätzen gezielt kapitalkräftige ausländische Unternehmer anspricht. Holdinggesellschaften und Firmen, die ihren Sitz nominell in Liechtenstein haben, zahlen lediglich eine Kapitalsteuer von 1 %, für Gesellschaftsgewinne liegt der Steuersatz zwischen 5 und 12 %. Natürlich wird von diesen Möglichkeiten, legal oder auf Umwegen, von ausländischen Anlegern fleißig Gebrauch gemacht.

Ein derart gut gepolstertes Ländchen läßt sich mit leichter Hand regieren. Undenkbar, daß sich im demokratisch gewählten Landtag je eine Stimme gegen das Fürstenhaus erheben würde! Durchlaucht thront — droben im Schloß von Vaduz sichtbar über seine 25 000 Liechtensteiner erhoben — über allem, was in seinem Reich geschieht, von dem ein Autofahrerwitz sagt: zweimal aufs Gaspedal getreten, schon ist man durch.

Das hohe Ansehen, das sich der derzeitige „Herrscher" Franz Josef II. in einer nahezu 50jährigen Regierungszeit bei den Bürgern seines Landes erworben hat, ist nicht allein der Tatsache zuzuschreiben, daß es ihm gelang, sein Reich durch geschicktes Lavieren vor dem Überrolltwerden durch Hitler zu bewahren. Ihm kommt auch das Verdienst zu, den im Zeitraffertempo vollzogenen Aufschwung der Volkswirtschaft wesentlich gefördert zu haben.

Bei seinem Regierungsantritt 1938 lebte das im Schatten der wohlhabenden Schweiz gelegene Land in der Hauptsache von der Almwirtschaft. Eine nennenswerte Industrie war so gut wie gar nicht vorhanden, der Tourismus strömte an Liechtenstein vorbei.

Heute sind nur noch zwischen 5 und 7 % der Bevölkerung in der Landwirtschaft tätig, die früher die Haupterwerbsquelle war. Der Großteil ist in Industrie, Gewerbe und Dienstleistungsunternehmen beschäftigt.

Mit einer Wendigkeit, die die vorgebliche alemannische Schwerblütigkeit effektvoll widerlegt, haben die Liechtensteiner in ihrer Gesamtheit, das Fürstenhaus eingeschlossen, die Chance genützt, die ihnen die Gunst der Stunde bot. Übermütig sind sie durch den ihnen bescherten Wohlstandssegen nicht

geworden. Ihrer an die bäuerliche Tradition gebundenen Art widerspricht es, zu protzen und aus dem Vollen zu leben. Der ,,Fürscht" ist auch hierin beispielgebend: obgleich er nach Rang und Vermögen durchaus ein Mann für die internationale Jet-Set Gesellschaft wäre, hält er sich von der Clique fern. So, als befolge er aufs Wort, was Friedrich der Große an Weihnachten 1774 an Voltaire schrieb:
,,Das anständige Mittelmaß bekommt den Staaten am besten. Reichtümer haben Weichlichkeit und Verderbnis im Gefolge . . . Aber wenn die rechte Mitte zwischen Bedürfnis und Überfluß eingehalten wird, bewahrt der Nationalcharakter mehr von seiner straffen Männlichkeit und von seinem Streben nach Größe."
Das friderizianische Rezept, die rechte Mitte einzuhalten, ist den Liechtensteinern und ihrer Führung gut bekommen. Das einzig erhaltene Trümmerstück des Heiligen Römischen Reiches Deutscher Nation präsentiert sich, so klein es ist, als ein in sich gefestigtes Staatswesen mit dem letzten deutschen Monarchen an der Spitze. Die Existenz des Briefmarkenstätchens erscheint in unserer bewegten Zeit sicherer als die so mancher an politischer Bedeutung, Größe und Einwohnerzahl überlegener Nachbarstaaten.
Der Gefahr, nur mehr ein Museumsobjekt der Geschichte zu sein, ist Liechtenstein entronnen. Und weil es die Zeitumstände so fügten, hat man nach 1945 gleich eine Art Vergangenheitsbewältigung vorgenommen. Ein Federstrich nur, eine kleine Retusche im Text der Nationalhymne: nach dem Ende

des Zweiten Weltkrieges beschloß der Landtag, den Liedanfang mit den bis dahin sonder Beschwer gesungenen Worten „Oben am deutschen Rhein“ abzuändern in „Oben am jungen Rhein“.
Es ist oft bemängelt worden, daß es der deutschen Sprache an feinen Nuancierungen fehle. Im vorliegenden Fall jedoch beschreibt der Ersatz eines einzigen Wörtleins durch ein anderes mit unübertrefflicher Prägnanz den Grad der Entfernung Liechtensteins von seiner deutschen Vergangenheit.
Die blanken Wasser des jungen Rheins fließen eine kurze Wegstrecke durch das Fürstentum Liechtenstein. Deutsch wird der Strom erst wieder ab dort heißen, wo sich seine Wasser zu trüben beginnen.
Wer möchte so naiv sein, den Sinn der geänderten Strophe negierend, den Stand des alemannischen Bewußtseins dortzulande zu erkunden! Die Antwort bestünde bestenfalls in einem verständnislosen Kopfschütteln.

# *VIII. Nit lugg lo!*

## Vorarlberg, Alemannenland seit 1000 Jahren

„Die letzten freilebenden Alemannen" hat ein Scherzbold die im österreichischen Bundesland Vorarlberg angesiedelten „Wäldler" genannt. Die anderen, meint er, jene, die sonstwo im dichtbesiedelten alemannischen Raum leben, sind zu verstädtert, zu „zivilisiert" und zu bunt gemischt, als daß man in ihnen noch echte Nachfahren der Alemannen erkennen könne.

Ein Körnchen Wahrheit steckt darin: Die Vorarlberger „Wäldermenschen" sind durch Jahrhunderte mit fremden Kulturen kaum in Berührung gekommen. Sie haben praktisch von der Mitwelt völlig abgekapselt gelebt und auf diese Weise die Merkmale ihrer ethnischen Herkunft am reinsten bewahrt. Hinter der Arlberg-Lech-Grenze endete ihre Welt, hier waren sie zu Hause. Das Bodenständige war ihnen eingeboren und nur wenige unter ihnen trieb es, zu erfahren, wie die Welt draußen, jenseits der Berge und Wälder, beschaffen sein mochte.

Die Alemannen, der Stamm ohne Grenzen, hatte sich hier in der Enge des Wälderreichs bis hin zum

Montafon und zum Walsertal seine eigenen Grenzen abgesteckt. Anders dagegen, weltoffener der Menschenschlag, der in der breiten vorarlbergischen Rheinebene und im Walgau lebt. Alle größeren Städte liegen in dieser Region am Rande der Gebirgswelt, die Hauptstadt Bregenz, das alte Bludenz, Dornbirn und Feldkirch.

Die Römer in ihrer aus mystischen Urgründen genährten Scheu vor den dunklen germanischen Wäldern, umgingen den zu ihrer Zeit fast menschenleeren Bregenzer Wald und setzten sich im Einzugsgebiet des Rheins und am Ufer des Bodensees fest. Sie bauten in Brigantium, dem heutigen Bregenz, der ältesten, bereits im Jahre 18 n. Chr. genannten Stadt am Bodensee, einen imposanten Hafen, den größten nördlich von Aquilae. Von hier aus schickten sie ihre Schiffe zu Kaperfahrten über den See, bis dann gegen 500 n. Chr. die alemannische Springflut über sie hereinbrach.

Binnen kurzer Zeit besetzten die blonden Riesen in einer ungeheuren Kraftentfaltung des Stammes das gesamte Bodenseegebiet. Doch selbst sie, die aus den nordischen Wäldern gekommen waren, mieden die unwirtliche Waldregion. Warum sollten sie auch in das Dickicht eindringen, wo sie doch ohne Mühe, nur eine Tagesreise entfernt, eine reiche Hinterlassenschaft übernehmen konnten. Hier warteten leerstehende prunkvolle Villen und Häuser und bestellte Felder darauf, von neuen Herren in Besitz genommen zu werden. Und die Alemannen langten zu, wie sie es immer und allerorten auf ihrem langen Marsch getan hatten. Ihr neues Ländle an den Ge-

staden des Bodensees und das fruchtbare Rheintal hinauf, bot ihnen alles, was ihnen auf ihrem Zug vorgeschwebt haben mochte.
Klio, die Göttin der Geschichte wußte, daß Unwiderrufliches geschehen war: wo sich der Stamm einmal niederließ, rührte er sich nicht mehr von der Stelle.
Die Kunde von dem Land, das alle Alemannen-Träume erfüllte, verbreitete sich. Doch die nachrückenden Stammesgenossen fanden die besten Lagen besetzt. Es blieb ihnen nur die Wahl, zurückzugehen, woher sie gekommen, oder aber die Beile zu schärfen und Schneisen in den Wald zu schlagen.
Sie schärften die Beile und erschlossen sich, immer im Kampf mit der feindlichen Natur, das Montafon, den Bregenzer Wald, das Gebiet der Lechtaler Alpen bis zum Arlberg. Ihre Siedlungsgeschichte zieht sich über 300 Jahre hin. Als späte „Neubürger" stieß der aus dem oberen Rhonetal kommende alemannische Stamm der Walser im 14. Jahrhundert nach und siedelte sich im Kleinen und Großen Walsertal an. Sie bauten ihre Höfe in Höhenlagen bis zu 1700 Metern, wo bis dahin nur Gemsen und Murmeltiere zu leben vermochten. Die Walser wurden zu Bergbauern; allein auf sich gestellt, die Hälfte des Jahres in Eis und Schnee eingeschlossen, behaupteten sie sich ebenso wie die Wäldermenschen unter den härtesten Lebensbedingungen. Selbst die an Entbehrungen gewohnten Mönche, die im Jahre 1079 ein Kloster in der Wäldereinsamkeit gründeten, hatten das Leben hier nur fünf Jahre durchge-

halten. Sie sandten einen dankbaren Blick zum Himmel, als ihnen ihr Abt endlich erlaubte, die öde Wildnis zu verlassen und sich in Mehrerau am schönen Bodensee (dem heutigen Zisterzienser-Kloster Bregenz) eine freundlichere Bleibe zu schaffen.

Im Wald zu leben hieß roden. Um die Urbarmachung des Bodens mühten sich Generationen von „Wäldern", ehe aus einzelnen Huben und Höfen erste Ansiedlungen entstehen konnten. Alberschwende, Lingenau, Egg, Schwarzenberg und Andelsbuch zählen zu den Urgemeinden des Bregenzer Waldes, zu den „Gmuaschaften", die sehr bald und sehr nachdrücklich ihren Anspruch auf Selbstverwaltung, auf politische Rechte und Freiheiten kundtaten.

In der Herrschaft über den vorderen und hinteren Bregenzer Wald hatte es einen Wechsel von immer neuen Gebietern gegeben. Grafengeschlechter und Äbte, Könige und Kaiser nannten das Land abwechselnd ihr eigen, doch keiner unter ihnen wurde seines Besitzes so recht froh. Die Bewohner dieses weithin unregierbaren Landesteils hatten „ihre ganz eigenen Köpfe", wie ein Regierungsbeauftragter mit einem Unterton von Resignation nach Wien berichtete.

Knorrig, ja das waren die Wälder, und sie blieben es bis auf den heutigen Tag. Sie ließen nicht nach, ihren Lohn für die Kolonisierung des „wilden Waldes" einzufordern. „Nit lugg lo!" (nicht nachlassen!) lautete ihre selbstverordnete Parole. Sie hallte den Oberen so nachdrücklich in die Ohren, daß sie schließlich einwilligten, den widerborstigen Wäldern eine eigene landständische Verfassung mit demokratischen Rechten und Freiheiten zuzugestehen, eine Bauernrepublik, wie sie in dieser Form in der Zeit des Absolutismus ohne Beispiel war. Besorgt richteten die vielen kleinen deutschen Potentaten ihre Blicke nach dem kleinen, im Schutz seiner Berge und Wälder verborgenen Zipfelchen Land. Wenn dieses Beispiel Schule machte . . .

Vorarlberg nahm fortan unter den österreichischen Kronländern eine Sonderstellung ein. Der Ammann des Bregenzer Waldes konnte wie der Kaiser in Wien über Leben und Tod richten und begnadigen. Das Hoch-, Blut- und Malefizgericht tagte in Egg, der Landammann, der ihm vorstand, wurde von allen Männern des Hinteren Waldes über 20 Jahren gewählt.

Im ,,Landsbrauch" wurden die Rechte festgeschrieben, die sich die Wälder erkämpft hatten, unter anderem das Recht, sich Gesetze zu geben, eigene Gerichtsbarkeit zu halten, die Freiheit vor fremder Gerichtsbarkeit, das Siegelrecht, Freiheit von Zoll und Maut und das Recht auf eigenes Maß und Gewicht.

Das ,,Parlament" aus Bürgern und Bauern tagte im Rathaus auf der Bezegg unter Begleitumständen, die an die traditionellen Regeln bei der Wahl eines neuen Papstes gemahnen. Ähnlich wie bei einem Konklave die zur Papstwahl versammelten Kardinäle so lange eingeschlossen bleiben, bis sie sich auf ein neues Oberhaupt der Kirche geeinigt haben, verfuhr man auf der Bezegg. An das Rathaus, einem auf vier Pfeilern ruhenden Holzbau, zu dem keine Treppe hinaufführte, wurde vor den Beratungen eine Leiter angelehnt, über die die Volksvertreter zum Sitzungssaal emporkletterten. Wenn der Letzte oben war, wurde die Leiter weggenommen und erst wieder angestellt, wenn die Herren zu wissen gaben, daß sie zu einem mehrheitlich angenommenen Beschluß gekommen waren.

Von dem, was drinnen beschlossen war und Gesetzeskraft besaß, ließen sie sich kein Jota abzwacken. Im Jahre 1750 berichtete der Stadtschreiber Gugler von Feldkirch an den kaiserlichen Hof nach Wien, die Vorarlberger seien solche Hitzköpfe, daß man auf sie keinen Druck ausüben dürfe, da sie sonst ganz abfallen würden.

Ihrem ,,Nit lugg lo!'' mußte sich, widerstrebend genug, selbst Ihre Kaiserliche Majestät beugen. Die wiederholt unternommenen Versuche einer Gleichschaltung Vorarlbergs mit den übrigen österreichischen Bundesländern scheiterten mit schöner Regelmäßigkeit. Ein halbes Jahrhundert hindurch sah sich das Haus Habsburg genötigt, die alten, verbrieften Rechte der Wäldermenschen erneut zu bestätigen und neue, noch weitergehende Zugeständnisse zu machen. Bis in die Neuzeit hinein blieben die unbequemen Bergbauern und Holzleut' dabei, der Regierung in Wien die Schranken der Verfassung in Erinnerung zu rufen.

Eigentlich wollte man ja gar nicht zu Österreich. Die alemannischen Talschaften spielten lange ernsthaft mit dem Gedanken eines Anschlusses an den benachbarten schweizerischen Kanton Appenzell, in erster Linie aus wirtschaftlichen Erwägungen, aber auch in der Erwartung, sich in der freieren Luft der

Eidgenossenschaft aus obrigkeitlicher Willkür zu lösen. (Noch 1919 sprachen sich 80 % der Bevölkerung des neugeschaffenen Bundeslandes Vorarlberg in einem Volksentscheid für die Trennung von Österreich und für den Anschluß an die Schweiz aus, der dann trotz dieser eindeutigen Willenserklärung nicht zustande kam.)
Aus vergangenen, von Hauen und Stechen geprägten Zeiten bestand ohnehin eine Landsknechtskameraderie über die Grenzen hinweg. Gemeinsam mit den Schweizern und den Schwaben traten die Wälder und Bergbauern auf den Plan. Im Mittelalter galt der Vorarlberger Grund als „Landsknechtsland" und Kaiser Rudolf I. vermaß sich, mit 4 000 Rittern und 40 000 Mann Fußvolk aus Schwaben „die ganze Welt zu überrennen".
Mit alemannischem Kampfesmut waren auch ihre Frauen gesegnet. Die Schweden, die während des Dreißigjährigen Krieges in der Schlacht am Roten Egg unvermutet auf eine Heerschar streitbarer Wälderweiber stießen, wußten ein Liedlein davon zu singen. Die in ihre weißen Juppen gekleideten Frauen fielen „wie die Engel oder Geister" über die verdutzten Schweden her, voran die resolute Traubenwirtin von Alberschwende, die eigenhändig „wohl an die zehen schwedische Kriegsknecht" erledigt oder gefangengenommen haben soll.
Noch einmal flammte im Laufe der Geschichte die urige Kampfeslust der Wälderinnen auf. Napoleon war daran schuld. Er hatte im Frieden von Preßburg Vorarlberg den mit ihm verbündeten Bayern zugesprochen und diese wiederum hatten eiligst mit

der Zwangsrekrutierung aller waffenfähigen Männer begonnen. Es kam zu einem Aufstand der Frauen und Mädchen, bei dem sich die Bayern blutige Köpfe holten. Die Frauen ließen auch hier nit lugg. Sie kämpften um jeden der Ihren, der zum Heeresdienst beim Feind gepreßt werden sollte und dabei war ihnen jedes Mittel recht. Die bayerischen Kommissäre, die mit der Aushebung beauftragt waren, trauten sich nur noch unter militärischem Schutz in die Dörfer, um meist unverrichteter Dinge wieder abzuziehen. Die Mannsleut' waren stets ausgeflogen. Der Signaldienst, der von Dorf zu Dorf das Anrücken der Bayern meldete, funktionierte vorzüglich.

In zahlreichen Geschichtswerken kehrt stereotyp die Behauptung wieder, die Alemannen seien stets „freudig zu den Waffen geeilt". Ein Geschichtsschreiber muß wohl dem anderen den Satz nachgebetet haben. In Wahrheit war es sehr oft die Not, die die Männer zwang, sich als Söldner zu verdingen, und die Not war immer dort am größten, wo die Hütten dem Himmel am nächsten standen, in der Schweiz ebenso wie im Silvretta-Massiv.

Daß der Übertritt ins Schweizer Lager letztlich doch nicht erfolgte, ist dem Einlenken Habsburgs zuzuschreiben. Nachdem im 15. Jahrhundert die Wälder bereits die Adelsherrschaft hinweggefegt hatten, wurde ihnen jetzt das Recht auf eine eigene Regierung zugestanden, in der weder Adel noch Geistlichkeit vertreten waren. Die in den Talschaften organisierten freien Bauern hatten ihrer Republik einen demokratischen Unterbau gegeben, ohne daß sie je das Wort Demokratie gehört hätten.

Die ertrotzten Freiheiten konnten freilich das soziale Elend, das im Ländle herrschte, nicht vergessen machen. Arbeitseifer und Sparsamkeit, handwerkliches Können und Erfindungsgabe, alle alemannischen Krontugenden zusammengenommen, konnten die allgemeine Verarmung nicht abwenden. Besonders hart betroffen war die Gebirgs- und Waldregion mit ihren beschränkten Erwerbsmöglichkeiten.
Glücklich, wer der Zunft der Bauleute, Kunsthandwerker, Stukkateure und Steinmetzen angehörte, die im Gefolge der berühmten Baumeister Beer, Thumb, Kuon, Natter, Moosbrugger und anderen alljährlich in der Saison auszogen, um im Reich, im Elsaß und in der Schweiz Bauwerke von unvergänglicher Schönheit aufzuführen. Von der künstlerischen Handschrift der Baumeister aus dem Bregenzer Wald zeugen neben zahlreichen Schlössern und Rathäusern solche Baukleinodien wie das Kloster Einsiedeln, die mächtige Basilika im oberschwäbischen Weingarten, das ätherisch leichte Barockwunder der Klosterkirche Birnau über dem Bodensee, die Klöster St. Peter und St. Trudpert im Schwarzwald oder die Stiftskirche und Stiftsbibliothek in St. Gallen. Sie verdanken ihre Gestaltwerdung jener einmaligen Verbindung von Kunst und handwerklicher Meisterschaft, die als „Gütemarke" die Namen der großen Vorarlberger Baumeisterfamilien tragen.
Woher den in der Abgeschiedenheit der heimatlichen Wälder und Berge aufgewachsenen Wälderbuben die geniale Begabung zuwuchs, und, erstaunli-

cher noch, daß sich die Begabung über viele Geschlechter weitervererbte — wer wollte es je ergründen? Der Geist wehet, wo er will . . .

Die Bautrupps, die sich zu Beginn der warmen Jahreszeit aufmachten, die im Vorjahr begonnenen Arbeiten an Profan- und Sakralbauten fortzusetzen, bildeten einen stattlichen Heerhaufen. So berichtet das Auer Zunftbuch aus dem Jahre 1725 (das kleine Dörfchen Au war die führende Lehr- und Ausbildungsstätte der Werkleute), „daß Meister Peter Thumb aus dem Land in das Elsaß Palier, Gesellen und Buben 200 mitgenommen". Den berühmt gewordenen Meister Thumb hielt es nicht mehr in der Enge seiner Heimat, und er war der Einzige nicht. Oft machten sich Zimmerer und Stukkateure in der Fremde selbständig, in der es sich, verglichen mit den armseligen Verhältnissen zu Hause, angenehmer leben ließ, rührte man nur tüchtig die Arme. Das Zupacken hatten sie daheim gelernt und so mancher Wälderbub, dessen Namen mit einem niedlichen „le" endete, wie bei den schwäbischen Vettern, brachte es in der neuen Umgebung zu Wohlstand und Ansehen. Die Spur der Bentele, Hämmerle, Böckle, Köberle und Gugele läßt sich in alle Windrichtungen hin verfolgen.

Den anderen aber, die ihr Auskommen nach wie vor in Wald und Gebirge finden mußten, ging es unverändert schlecht. So formierte sich wie eh und je im Frühjahr im Wälderviertel der Zug der „Schwabenkinder", so genannt, weil sie ins schwäbische Oberland und ins Allgäu geschickt wurden, um dort bei der Feldarbeit oder als Viehhüter etwas Geld für den Lebensunterhalt der Familie daheim zu verdienen. In Ravensburg, Tettnang und Waldsee wurden förmliche Kindermärkte abgehalten, billigere Arbeitskräfte konnte man nirgendwo sonst finden. Die Bezahlung durch die Dienstherren war erbärmlich, aber die Kinder waren wenigstens zu Hause weg vom Tisch.

Die düsteren Kapitel der Vergangenheit hat — im wörtlichen Sinne — der Schnee zugedeckt. Der Schnee, der Vorarlberg zuverlässig in jedem Winter eine Invasion von Wintersportlern beschert. In Mellau am Fuß der Kanisfluh, auf dem „Bödele", in Damüls und im Walsertal sind die Unterkünfte in der Ski-Saison ausgebucht. Der Arlberg, der Hohe Ifen mit den Gottesackerwänden, der Piz Buin in der Silvretta, Riezlern und Hirschegg im Kleinen Walsertal zählen mit zu den schönsten Skigebieten. Die Skilifte surren und die Kassen klingeln wie überall, wo der überwiegende Teil der Einwohnerschaft vom weißen Segen lebt.

Die Stille der Wälder und die majestätische Schönheit der Berge lockt in zunehmendem Maße die Feriengäste auch im Sommer an, ohne daß (bis dato!) der Massentourismus das Ländle überschwemmt und in seiner heimeligen Beschaulichkeit verändert hätte. Im „Kleinen Paradies", wie Eduard Mörike den Bregenzer Wald überwältigt von seiner Schönheit genannt hat, würde „Betrieb" zum Naturfrevel, würde das, was sich an überkommener alemannischer Volkskultur und an Brauchtum erhalten hat, zu glitzernd-verlogener TV-Folklore.

Vorarlberg besteht indessen nicht nur aus Bergen, Matten und Wäldern. Sein wirtschaftlicher Schwerpunkt liegt vom Bodensee an aufwärts in der Rheintalebene und im Walgau, im Umkreis der Städte Bregenz, Dornbirn, Lustenau und Feldkirch. In diesem Raum hat sich nach dem Zweiten Weltkrieg eine große Zahl bedeutender Industriebetriebe angesiedelt.
Der Naturfreund, der „sein" Vorarlberg ins Herz geschlossen hat und sich auf neue, unbeschwerte Ferientage freut, ahnt Schlimmes, wenn er auf eine Statistik stößt, aus der klipp und klar hervorgeht, daß Vorarlberg nach Wien das am stärksten industrialisierte Bundesland Österreichs ist. Lauter als die Glocken zu Lob und Preis der Lieben Frau von Rankweil, des Landeswallfahrtsortes, dröhnen an den Werktagen die Maschinen der Fabriken ringsum. Und für den Umbruch, der sich in dieser „braven" Gegend vollzogen hat, erscheint es irgendwie symptomatisch, daß in Bregenz seit einigen Jahren die Roulettekugel rollt.
Glücklicherweise sind sich die Verantwortlichen bewußt, daß die Landschaft nach wie vor das natürliche Kapital der Region ist. Noch immer blickt der Beschauer vom Pfänder herab auf ein liebenswertes Fleckchen Erde. Die Gugele und Köberle und Hämmerle könnten arg ungemütlich werden, schöpften sie Verdacht, der Herr Landeshauptmann mitsamt seinen Landesräten schaue untätig zu, wie die Entwicklung in eine nur vom Wachstumsdenken bestimmte Richtung treibt.

Da könnte es leicht sein, daß der alte Alemannenzorn in ihnen hochwallte, wenn auch sonst rein nichts mehr an die blutsmäßige Hinterlassenschaft aus Urväter Zeiten erinnert.

# *IX. Die Mär von den „wahren" und den „fraglichen" Alemannen*

Am 4. November 1953 trat in Stuttgart der Landtag zusammen, um zu entscheiden, wie der aus Baden und Württemberg und dem ehemals preußischen Landesteil Hohenzollern zu einer Einheit verschmolzene Südweststaat heißen solle.
Die Bezeichnung „Südweststaat", unter dem das nach schweren Geburtswehen neugeschaffene Bundesland bis dahin firmiert hatte, sagte weder den Badenern noch den Württembergern zu, und dies war auch so ziemlich der einzige Punkt, in dem sich die Abgeordnete der beiden Landesteile vor der Abstimmung einig waren. Ein neuer, eingängiger und aussagekräftiger Name sollte gefunden werden, „einer, der auch was beinhaltet" — Zitat aus der Wortmeldung eines Abgeordneten.
Schließlich standen drei Vorschläge zur Debatte:

1. Baden-Württemberg
2. Württemberg-Baden
3. Alemannien

Bei der Abstimmung entschied sich eine Mehrheit von 85 Stimmen für den Vorschlag Baden-Württemberg, auf das umgedrehte Württemberg-Baden entfielen 21 Stimmen, Enthaltungen 4, Vorschlag Alemannien null.

Ein neues Bindestrich-Bundesland war geboren. Die in der Überzahl befindlichen württembergischen Parlamentarier waren bei der Abstimmung über ihren Schatten gesprungen und hatten sich um des lieben Friedens willen für den Namensvorschlag entschieden, der Baden im Landesnamen den Vorrang vor Württemberg einräumt. „Ein Bonbon, das die Schwaben nichts kostete", kommentierten die geschworenen „Altbadener" mißmutig und stets besorgt, von den „Schwobe" majorisiert und geschluckt zu werden. Zwar hatten sich bei dem Volksentscheid am 5. Dezember 1951 über 77 Prozent der Bevölkerung des Gesamtgebietes für eine Vereinigung entschieden, doch ein Stachel blieb. Auch nach der Bildung des neuen Bundeslandes wollten die bösen Worte von der württembergischen Macht- und Ländergier und vom Stuttgarter Imperialismus und Eingemeindungsstreben nicht verstummen.

Mittlerweilen haben sie sich unter dem gemeinsamen Dach aneinander gewöhnt, die Badener und die Schwaben. Es wäre denn auch, auf alemannisch gesagt, a betrüeblich Sach', wenn die vor dem Zusammenschluß reichlich harsch aufgebrochenen Ressentiments von gestern nach einer über 25jährigen Ehe noch weiterwirkten.

Eine ebenso hübsche wie zutreffende Erklärung über das Zustandekommen der baden-württembergischen Heirat findet sich bei dem Erzschwaben Thaddäus Troll:

„Baden, wirtschaftlich ein armes Mädle, zierte sich schon immer, von dem reichen Mann Württemberg geheiratet zu werden. Der bemühte sich nach dem letzten Krieg uneigennützig und uneingedenk württembergischer Heiratstraditionen um die spröde Schöne. Denn es gab im 19. Jahrhundert für einen schwäbischen Burschen nicht Schwierigeres, als ein Mädle, das kein Geld hatte, aus dem Nachbarort zu freien. Die Heiratserlaubnis war von einem Vermögensnachweis abhängig, und selbst wenn der beigebracht war, seufzte der Schultes: 's kommt halt doch a fremder Soma (Samen) rei!
Alle diese historischen Vorbehalte waren vergessen, als Württemberg um den Bund mit Baden warb. Nordbaden, der Kopf der Braut, zierte sich kaum, aber Südbaden, das prüde Untergestell, erhob ein arges Geschrei und fühlte sich mehr oder weniger vergewaltigt, zu seinem Glück . . .
Und wie es zu sein pflegt, wenn ein wohlhabender Mann ein armes Mädle heiratet, so auch mit Baden-Württemberg: Die Frau hat es gut, ist aber voller Komplexe, droht oft mit Scheidung, fühlt sich benachteiligt und macht dem Mann das Leben manchmal schon saumäßig schwer."
Hinter-, vorder- und untergründiger und geistreicher läßt sich aus schwäbischer Sicht nicht beschreiben, was an heimlichen Empfindungen bei dieser Vernunftehe mitschwang. Der gute Thaddäus Troll wußte freilich, daß eine Menge Leute um Freiburg und Offenburg herum seine Anmerkungen in den falschen Hals bekommen würden. Darum fügte er vorsorglich noch den Nachsatz an: „Böse Briefe aus

Baden zu diesem Kapitel werden nur beantwortet, wenn der Absender Humor versteht."

Unter historischem Blickwinkel wäre der Name „Alemannien", für den sich bei der Abstimmung keine Stimme fand, nicht einmal so weit hergeholt erschienen. Die sich da endlich zusammenrauften, sprechen dieselbe alemannische Sprache, wenn auch mit abweichenden Modulationen. Alemannen und Schwaben waren zwei Namen für einen Stamm und erst in der Karolingerzeit geriet der Name Alemannen in Vergessenheit; Schwaben wurde fortan zum Sammelnamen für den ganzen Stamm.

Der Sprachforschung ist es gelungen, die Wege der oberdeutschen Lautverschiebung im einzelnen nachzuzeichnen und exakt den Zeitpunkt zu fixieren, zu dem sich der schwäbische und der alemannische Dialekt voneinander entfernten. Unbestritten leitet sich der schwäbische Dialekt unmittelbar aus dem Alemannischen ab. Ebenso kann die Herkunft des nach seinen Siedlungsräumen in nördliche und südliche Alemannen unterteilten Stämme nicht angezweifelt werden.

Was soll nach diesem Wissensstand denn nun die Frage, wer stammesmäßig rechtens die „echteren" Alemannen im Bundesland Baden-Württemberg seien! Das über alle Hemmnisse hinweg erzielte „Iverständnis" ist wichtiger als ein Zertifikat, das dieser oder jener Seite bescheinigt, einen einwandfreien alemannischen Ahnenpaß zu besitzen.

Politische Vernunft und Taktgefühl haben es verhindert, daß — so Reinhold Maier — „die spinnete Idee aus dem Hirnkäschtle eines Geschichtsprofessors", im 20. Jahrhundert ein Land Alemannien auszurufen, nicht einmal diskutiert wurde. Die Abgeordneten hielten es hier mit Hermann Hesse, der in seinem Alemannen-Buch frei heraus bekannte, er sei von Herzen froh, daß Alemannien kein politisch abgegrenzter Staat und auch nicht auf Landkarten und in Staatsverträgen zu finden sei. „Für mich war die Heimat zu beiden Seiten des Oberrheins, ob das Land nun Schweiz, Baden oder Württemberg hieß."

Er trifft sich hierin mit Gottfried Keller, der seinen „Grünen Heinrich" beim Überschreiten der Grenze auf der Fahrt nach München sagen läßt:

„Ich befand mich auf deutschem Boden und hatte von jetzt an das Recht und die Pflicht, die Sprache der Bücher zu reden, aus denen meine Jugend sich herangebildet hatte und meine liebsten Träume gestiegen waren. Daß es nicht in meinem Erinnern leben konnte, ich sei nur von einem Gau des alten Alemanniens in den anderen hinübergegangen, dafür hat der Lauf der Geschichte gesorgt, und darum war mir das herrliche Gefunkel der grünblauen Flammen des Rheinwassers wie der Geistergruß eines geheimnisvollen Zauberreichs gewesen, das ich betreten."

*Wohl mir, daß ich dich endlich fand,*
*Du stiller Ort am alten Rhein,*
*Wo ungestört und ungekannt*
*Ich Schweizer darf und Deutscher sein.* —

Der noch immer schwelende alemannische Bruderzwist zwischen den Badenern und den Württembergern wäre vermutlich nie entstanden, hätten sich die

Franken nicht im Ländle breitgemacht und die Alemannen unter ihre Fuchtel gezwungen. Die Franken bestimmten das kleine Schwarzwaldflüßchen Oos zum fränkisch-alemannischen Grenzfluß. Das alte römische Aquae, wo es sich so angenehm leben ließ, wollten die fremden Eindringlinge natürlich nicht aufgeben. Aquae wurde fränkisch in ,,Badin" umbenannt, ein Name, der dann später auf das ganze Land Baden überging.

Der Schwarzwald wurde auf diese Weise zur Sprachbarriere. Im östlichen Teil herrschte von nun an die schwäbisch-alemannische Mundart vor, im nördlichen Teil die fränkisch beeinflußte, während der Oberrhein bis zum Bodensee in Sprache und Brauchtum gut alemannisch blieb.

Reinhold Schneider, der empfindsame, aus Baden-Baden gebürtige Dichter, betonte mit leisem Schmunzeln, er sei ,,auf dem alemannischen Ufer" seiner Vaterstadt zur Welt gekommen. Gleich ihm hatten auch die Nönnlein des Zisterzienserinnen-Klosters Lichtental im ausgehenden Mittelalter Wert darauf gelegt, auf dem rechten Ufer zu sein, als wiederum die Oos zur Grenzscheide wurde und es darum ging, eine Trennlinie zwischen den einander keineswegs brüderlich zugetanen Bistümern Speyer und Straßburg festzulegen. Mit Bangen vernahm die Mutter Oberin, daß ihr Kloster auf der falschen Seite liege und somit zum Zuständigkeitsbereich des Straßburger Bischofs gehöre. Die Eminenz überm Rhein führte seinen Sprengel, wie man wußte, auf eine recht strenge Weise. Der Bischof von Speyer hingegen war ein umgänglicher, älterer

Herr, ein milder Oberhirte seiner Schäflein. Unter seinem Schutz durfte man sich geborgen fühlen, doch der Himmel hatte es nun einmal gewollt, daß das Kloster Lichtental an das Bistum Straßburg fiel. Ergeben schickten sich die frommen Frauen, den Rosenkranz betend, in das Unvermeidliche.
Auch die Frau Oberin betete den Rosenkranz, und mitten in der andachtsvollen Verrichtung hatte sie eine himmlische Eingebung. Man könnte doch . . ., dachte sie, und kaum hatte sie den Gedankenfaden zu Ende gesponnen, rief sie alle Nonnen zusammen.
Am anderen Morgen rieben sich die Lichtentaler Bauern zweimal die Augen. Ein Wunder, ein unfaßbares Wunder war geschehen: die Oos hatte über Nacht ihren Lauf geändert und floß jetzt an der Südseite des Klosters vorbei.
Klostermauern sind verschwiegen. Es brauchte einige Zeit, ehe offenbar wurde, wer das Wunder bewerkstelligt hatte. Die Zisterzienserinnen hatten unter der Leitung ihrer Äbtissin der Oos heimlich ein neues Bett gegraben und so ihr Kloster auf die Seite gerückt, die zum Speyerer Bistum gehörte.
Es ist leider nicht überliefert, wie der Bischof im Palais Rohan in Straßburg auf das wundersame Geschehen reagierte. Möglicherweise kam ihm der Spruch in der Bibel in den Sinn: Es sollten wohl Berge weichen und Hügel hinfallen vor Dir, oh Herr . . .
Der fränkische Pfahl im alemannischen Fleisch saß tief. Bis auf den heutigen Tag ist in den Färbungen der Sprache die „Demarkationslinie“ erkennbar, die die fränkischen Besatzer zogen. Förmlich hör-

bar wird der Trennstrich beiderseits der Murg; das geschulte Ohr vernimmt hier alemannische und im nächsten Dorf eindeutig fränkisch eingesprengelte Laute. Die fruchtbarsten Gegenden, die Gaue im Rheintal, am unteren Neckar und am Main blieben fränkisch, alemannisch hingegen der mittlere und südliche Schwarzwald, die Ortenau, der Breisgau, die Baar und der Bodenseeraum. Es bürgerte sich ein, das Badnerland ab der Murg in ein Ober- und ein Unterland zu unterteilen.

In einem vergilbten Jahrgang der „Badenia" findet sich ein Aufsatz, der sich mit der Mentalität der Menschen im Ober- und im Unterland befaßt. Bei dem Bemühen des Schreibers, „den" Franken und „den" Alemannen in einer Art Psychogramm darzustellen und ihre unterschiedlichen Grundcharaktere herauszuschälen, kommen die erstaunlichsten bis kuriosesten Dinge zutage.

Wir erfahren, daß „unter allen deutschen Stämmen wohl keine wesentlicher voneinander verschieden sind als die Franken und die Alemannen. Jene waren tapfer, geistreich und lebhaft, jedoch auch übermütig, prahlerisch und unbeständig; diese dagegen treuherzig, gemütlich, bedachtsam, dabei ebenso tapfer und weit standhafter. Die Verschiedenheit der Stämme lag also vorab in der Natur des Geblüts, und unmöglich konnten sie sich aufrichtig ertragen. Daher jene erbitterten Kriege der früheren Zeit, und jene gehässige Abneigung der späteren. Denn da sich die Alemannen von der Übermacht der Franken besiegt sahen, da sie ihnen einen großen Teil ihres teuer erworbenen Landes hatten abtreten

müssen, und die fränkischen Großen als königliche Amtleute die anderen Teile überschwemmten, wie mußte nicht die ursprüngliche Eifersucht zur Abneigung und zum Hasse werden? . . .
Man sollte glauben, unsere Gaue haben im Mittelalter und in der neueren Zeit genug Veränderungen erlitten, die ihren Unterschied hätten verwischen müssen; aber wie der einzelne Mensch seinen angeborenen Charakter auch unter dem mannigfachsten Schicksalswechsel niemals verliert, so ist den Völkern ihre ursprüngliche Natur unvertilgbar eingeprägt.
Die Art von Abneigung und Eifersucht zwischen unserm Ober- und Unterländer ist also keine Folge etwa von feindschaftlichen Verhältnissen ihres Zusammenlebens in dem gleichen Staat; sie ist keine böswillige Gesinnung, welche ihnen als Landsleuten und Mitbürgern, als Menschen und Christen zur Last fiele, sondern eine notwendige Wirkung ihres verschiedenen Grundcharakters, eine unschuldige Erbschaft aus der Vorzeit! Sie ist daher auch nicht schädlich, im Gegenteil, sie erzeugt bei mancherlei Anlässen eine nützliche Rivalität und würzt das gesellschaftliche Leben durch das mannigfache Spiel ihres Witzes."
Für dieses mit grobem Strich gezeichnete Porträt gilt wohl der Hinweis im Vorspann zu vielen Filmen: „Jede Ähnlichkeit mit lebenden Personen wäre rein zufällig."
Es ist, und daran führt kein Weg vorbei, schlechterdings unmöglich, sogenannte typische Charaktereigenschaften, die bestenfalls auf eine Einzelperson

zutreffen mögen, pauschal auf eine ganze Volksgruppe zu übertragen. Ja, wäre „die Natur des Geblütes" in eine Form zu pressen, dann kämen tatsächlich *der* typische Franke und *der* typische Alemanne mit seinen vererbten stammesbedingten Schwächen und Vorzügen leibhaftig heraus.

Franke oder Alemanne macht heute hierzulande keinen Unterschied. Das beweglichere Naturell des Einen findet in der mehr bedächtigen Art des Anderen eine harmonische Ergänzung. An einem Stammeskomplex leiden sie beide nicht.

Freilich, die Alemannen sind z'erscht do g'si, sowohl auf der deutschen Seite des Rheins als auch drüben im Elsaß, und die Franken waren es, die ein alemannisches Großreich verhinderten. Ihre militärische Überlegenheit war zu erdrückend, als daß es die Alemannen am Oberrhein auf einen Zusammenstoß ankommen lassen konnten. Sie taten das Klügste, was ihnen unter den gegebenen Umständen blieb. Sie schrieben die Gebiete jenseits der Oos, die mit Waffengewalt nicht zurückzugewinnen waren, stillschweigend ab. Die Zeit der Alemannen, große Geschichte zu machen, war abgelaufen. Die Herrschaft über ihr Land war vergeben, und solange sie unbehelligt im Frieden ihrer Höfe und Felder leben durften, bestand kein Anlaß, sich gegen die bestehende Ordnung aufzulehnen.

Im Karolingerreich stand ihr Land in der besonderen Gunst der gesalbten Kaiser und Könige. Das kleine Bodman, das dem Bodensee seinen Namen gegeben hat, wurde zur Kaiserpfalz erhoben. Hier residierten Ludwig der Fromme und Ludwig der Deutsche, Karl der Dicke und Konrad I.

Auch unter den Staufern, in deren weitausgreifender Weltpolitik kein Platz für kleinliche Stammesrivalitäten innerhalb ihres Machtbereiches war, war den längs des Oberrheins angesiedelten Alemannen eine lange Periode des Friedens beschieden. Friedrich Barbarossa suchte ebenso wie die Karolinger sein Refugium am Bodensee auf, so oft es die Staatsgeschäfte erlaubten. In Konstanz, seiner Lieblingsstadt, vergaß der vollblütige, die Freuden des Lebens genießende Kaiser seinen immerwährenden Ärger mit den Welfen und mit dem Papst. Hier handelte er den Frieden mit den lombardischen Städten aus, hier feierte er zwischen den italienischen Feldzügen glanzvolle Feste und Lustbarkeiten, „zu denen viel Volks sich von weither versammelt, zu tanzen und fröhlich sein mit unserem Herre Kaiser".

Mit dem Erlöschen der Staufermacht und der danach einsetzenden Zersplitterung der Lande am Oberrhein in eine Unzahl kleiner Hoheiten, Fürstentümer, Abteien, Grafschaften, Großpriorate und Reichsvogteien ging der sichere Hut verloren, der das alte Alemannenland vor Einfällen und Übergriffen fremder Mächte schützte. Nun balgten sich die meist unter sich zerstrittenen Adelsgeschlechter um die staufische Hinterlassenschaft. Die Herren von Üsenberg, die Markgrafen von Hachberg, die Freiherrn von Giradi, die Geroldsecker, Biebersteiner, Schauenburger, Falkensteiner, Limburger, Wartenberger, Ebersteiner, Hanau-Münzenberger, Hornberger, Fürstenberger, die Habsburger, die Burkheimer, die Herren von Rötteln, Schwendi und Neveu, sie alle pochten auf ihre tatsächlichen oder angemaßten Rechte, und es war Glückssache, ob die selbstverständlich nicht gefragten Bürger einen gnädigen Herrn oder einen Fronvogt bekamen.

Stellenweise kam es dort, wo die Herren mit allzu starker Hand regierten, zu offener Auflehnung. Die Köhler von Endingen führten einen erbitterten Kleinkrieg mit den Herren von Üsenberg, bewaffneten sich im Jahre 1525 die aufgebrachten Bauern und brannten das Kloster Schwarzach nieder. Oft sprangen ja die Schaffner der Klöster mit den Leibeigenen noch härter um als die adeligen Herren, und wo die Bauernhaufen den Roten Hahn aufs Klosterdach setzten oder die festen Burgen berannten, geschah es nicht ohne Ursache.

Kriege überzogen das heillos aufgesplitterte und wehrlose Land. Der Dreißigjährige Krieg, der Spanische und der Bayerische Erbfolgekrieg hinterließen ihre Spuren, und bei den wiederholten Franzoseneinfällen sanken viele Städte und Dörfer im Gebiet der Ortenau und von Speyer bis Mannheim in Schutt und Asche.

Zu den Drangsalen von außen kam, durch Reformation und Gegenreformation hervorgerufen, die innere Zerrissenheit. Die Einwohner von Baden-Baden mußten nicht weniger als achtmal den Glauben wechseln, und in den Kaiserstühler Gemeinden Bötzingen und Oberschaffhausen entschied die Straßenseite darüber, welcher Konfession man anzugehören hatte. Für die Bewohner der zur evangelischen Markgrafschaft zählenden Straßenseite war

die Lehre Martin Luthers maßgebend, die gegenüberliegenden vorderösterreichischen Nachbarn durften den alten Glauben beibehalten.
Unter die mancherlei durch den Konfessionswechsel entstandenen Kuriositäten sind auch die „evangelischen" und die „katholischen" Wälder im Kaiserstuhlgebiet einzureihen. Im evangelischen Wald, angelegt von einem Forstrat der markgräflich-badischen Gemeinde im 18. Jahrhundert herrschen die Nadelbäume vor, der ältere Laubwald ist gut katholisch geblieben. Beide rauschen indessen nur ein Lied . . .
Die leidvolle Geschichte der im Schöpfungsplan doch zu bukolischer Lebensfreude einladenden Lande, schien mit der Ausdehnung der österreichischen Herrschaft bis an den Rhein und in den elsässischen Sundgau, ein Ende zu finden.
Die Habsburger waren beileibe keine „Reingeschmeckten". Ihre ältesten Besitzungen lagen im Elsaß, im Aargau und im Kaiserstuhlgebiet. Rudolf von Habsburg soll nach der Überlieferung hier, auf der Limburg, geboren sein. Die Geschichtsforschung dagegen gibt als Geburtsort die Habichtsburg an, nach der sich das Geschlecht nannte, auf einem Höhenrücken am Zusammenfluß von Reuß und Aare gelegen.
Die weltgeschichtliche Stunde des Hauses Habsburg schlug im 13. Jahrhundert. Der als „kleines Lichtlein aus Schwaben" gründlich verkannte Rudolf hatte zunächst in kluger Weitsicht alles daran gesetzt, sein Hausgut zu mehren. In der Wahl seiner Mittel war er dabei nicht zimperlich. Auf Hinterwe-

*Schloß Habsburg*

gen und, wenn es sein mußte, auf rüde Art brachte er Reichsgut und herrenloses staufisches Hausgut an sich, und daß gerade in der Zeit, in der er seinen Besitz so kräftig mehrte, die Zähringer ausstarben, kam ihm sehr gelegen. Den habsburgischen Ländereien im Elsaß, im Zürichgau, Thurgau, Frickgau und Aargau konnte nun der Breisgau mit der von den Zähringern gegründeten, blühenden Stadt Freiburg angegliedert werden. Damit gebot der Graf von Habsburg über ein Territorium, das ihn, den kleinen Aargauer Grundherrn, der er ursprünglich gewesen, zum mächtigsten Fürsten im deutschen Südwesten machte.

Auf ihn einigten sich die deutschen Kurfürsten, als sie sich endlich zusammenfanden, die kaiserlose, die schreckliche Zeit des Interregnums durch die Wahl eines Königs zu beenden. Im September 1273 suchte Burggraf Friedrich von Nürnberg im Grafenzelt von

Basel Rudolf auf und bot ihm, kraft der ihm von den Kurfürsten übertragenen Vollmacht, die Reichskrone an. Wohl wissend, daß die hohe Würde die Verpflichtung mit sich brachte, das zerrüttete Reich wiederaufzurichten und ihm eine feste Ordnung zu geben, nahm Rudolf an.

*Freiburg im Breisgau 1120 von den Zähringer Herzögen Berthold III. und Konrad gegründet.*

Es gab eine Menge mächtiger Herren, die die Vorstellung, den Habsburger im Purpurmantel zu sehen, nicht eben heiter stimmte. Unter ihrer Gesellschaft der Bischof von Basel, mit dem der neue König in der Vergangenheit manchen Strauß ausgefochten hatte, weil es diesen, ebenso wie seinen Amtsbruder zu Straßburg, nach irdischem Besitz in Form eines eigenen Territoriums gelüstete. Als er vernahm, wer der Auserwählte war, der die Krone des Reiches tragen solle, schlug er ein Kreuz. Sein verbürgter Ausruf, Gott im Himmel möge fest sitzen, sonst erschleiche dieser Rudolf noch seinen Thron, macht deutlich, wie sehr die auf Erwerb immer neuer Gebiete gerichtete Politik Rudolf ins Zwielicht gebracht hatte. In seinem Königsamt jedoch verdiente er sich allgemeine Achtung und Ansehen, ohne aber populär im eigentlichen Sinne zu werden. In der Geschichte lebt er als Retter eines Reiches fort, das sich bei seinem Regierungsantritt in einem Zustand der Agonie befand. Er hatte sich in den Feldzügen gegen Ottokar von Böhmen Kriegsruhm erworben, aber er zog es vor, als „ein gut fridemacher“ in der Erinnerung seiner Deutschen fortzuleben.

Zu seinen Beratern hatte er Männer gewählt, die seine Sprache sprachen, Mitglieder der großen schwäbischen Adelsfamilien Oettingen, Klingenberg und Hohenberg-Haigerloch. Sein engster Vertrauter war von schlichterer Herkunft, der Allgäuer Bäckersohn und Klosterlektor von Mainz, Heinrich Knoderer.

Rudolf setzte ihn kurzerhand auf den vakanten Bischofsstuhl von Basel und betraute ihn später mit dem höchsten Reichsamt, als Reichskanzler und Bischof von Mainz.

„Zu Hause" fühlte sich der König in seinen oberrheinischen Stammlanden, obgleich ihm nach dem Tod Ottokars in der Schlacht Wien offenstand und Österreich endgültig Habsburg zuerkannt wurde. Auf Schloß Beuggen, der einstigen Kommende des

*Freiburg — eine Gründung der Zähringer.*

Deutschen Ritterordens in der Nähe von Säckingen, hielt er wiederholt Rats- und Gerichtsversammlungen ab. Als er in Germersheim, 73jährig, einen Schwächeanfall erlitt, befahl er, sein Pferd zu satteln. „Zu den anderen will ich hin, hin nach Speyer, wo viele meiner Vorgänger liegen, die auch Könige waren. Und daß man mich nicht hinbringen muß, will ich selber zu ihnen geritten kommen."

Gevatter Tod ritt stumm an seiner Seite und erst am Ziel in Speyer legte er Rudolf sanft die Hand auf die Schulter.

Rudolfs Nachfolger betrieben die Landnahme auf österreichisch in großem Stile weiter. Habsburg brachte immer neue Gebiete am Oberrhein und in Schwaben an sich, durch systematische Käufe, Lehen und Pfandschaften, gelegentlich auch durch diskrete Hinweise, man verfüge äußerstenfalls auch über andere Mittel. Solch versteckter Drohungen bedurfte es bei „Graf Hans, dem Schuldenmacher" nicht, dem Hauenstein, die kleinste Stadt Deutschlands mit 200 Seelen, im äußersten Südwesten Deutschlands gehörte. Sein flottes Leben brachte ihn in chronische Geldnöte, und als ihm Österreich 12 000 Gulden für das kleine Zipfelchen Land bot, schlug er eiligst ein.

Durch zielbewußte Großraumbildung rückte Habsburg/Österreich zwischen dem 13. und 14. Jahrhundert zum größten Territorialherren im deutschen Süden auf. Von neuem geisterte die Idee eines staatsrechtlich fundierten Schwaben von den Vogesen bis zum Lech in den Köpfen, wären da nicht die deutschen Fürsten gewesen, denen das

*Sarkophag Rudolfs von Habsburg im Dom zu Speyer.*

Haus Habsburg zu übermächtig wurde. Der schöne Plan mußte endgültig aufgegeben werden, als das zum Eckpfeiler bestimmte Basel 1501 aus dem Reichsverband ausscherte und dem Bund der Eidgenossen beitrat.

Immerhin konnte Habsburg seinen rechtsrheinischen Besitz fast 300 Jahre lang behaupten. Das Elsaß allerdings, die zweite Heimat der Habsburger, ging unter dem Ansturm der Marschälle Ludwigs XIV. verloren. Vergeblich hoffte man am kaiserlichen Hof zu Wien, der in 23 Schlachten auf dem Balkan nie besiegte Markgraf Ludwig Wilhelm von Baden, der „Türkenlouis", werde über den Rhein setzen und die Franzosen aus dem Elsaß und aus der Pfalz vertreiben. Eine utopische Vorstellung, denn statt des starken Reichsheeres, das man dem alten Haudegen bei der Entsendung an die Rheinfront versprochen hatte, blieb er im wesentlichen auf die Unterstützung der Kreise Schwaben und Franken angewiesen. Die Türkenfurcht saß Ihrer Allerhöchsten Majestät mitsamt dem Hofkriegsrat mehr in den Knochen als die Sorge um die fernen Reichslande am Rhein. Der bewährte Türkenlouis würde schon irgendwie dafür sorgen, den Einfall der Franzosen zu stoppen und sie über den Rhein zurück zu jagen.

Wie es im Lager des Markgrafen tatsächlich ausschaute, zeigt sein von Zorn und Ohnmacht diktiertes Schreiben an Kaiser Leopold:

„Die Regimenter Ew. Majestät", bekam der Kaiser zu hören, „sind mit Kleidung und den übrigen Dingen so schlecht versehen, so abgerissen und kraftlos, daß sie bei jedermann Mitleid erwecken. Mich überkommt die Scham bei ihrem Anblick. Freilich weiß ich, daß man den Soldaten nach seiner Gesinnung und seiner Tapferkeit beurtheilen soll, und nicht wie die Weiber nach dem Putze, auch vergesse ich nicht, daß diese zerlumpten Mannschaften der Kern unseres Heeres sind und viele andere übertreffen, aber schließlich muß doch eine solche Armut auch die Besten zu Verbrechen, zu Desertion und Rebellion verleiten. Wenn E. M. mit eigenen Augen ein solches Elend sähe, dann würde denen bald geholfen sein, welche vor allen anderen den Ruhm der deutschen Heere erworben haben, und welche auf ihren Schultern den Thron E. K. M. tragen. Jetzt sind diese selben Leute Bettler, der eine ohne Kleider, der andere ohne Schuhe, und wenn man irgendwo einen abgerissenen Menschen um ein Stücklein Brot betteln sieht, so heißt es: das ist ein kaiserlicher Soldat! Dieses alles schreibe ich E. M. so offenherzig, damit ich nicht etwa für die Folgen solcher Zustände verantwortlich gemacht werde."

Der willensschwache Kaiser — „Wie ich es hasse, Entscheidungen treffen zu müssen!" — legte den Brief zu den Akten, und der Markgraf, wieder einmal von Wien im Stich gelassen, mußte sich darauf beschränken, hinhaltenden Widerstand zu leisten. Er ließ eine Befestigungslinie von Kehl den Rhein hinauf bis Philippsburg aufführen, die, wie er nach Wien meldete, „fast ohnmeglich zu nemen sey, wenn sye einmal belagert werden solle."

Im Jahre 1703 sollte sich erweisen, ob die Schanzen, Wälle, Gräben, Verhaue und Redouten dem Angriff der Franzosen unter den Marschällen Villars und Tallard standhalten würden. Villars hatte von Straßburg an den Sonnenkönig gemeldet, er beabsichtige, „d'embarasser monsieur le prince de Bade", den Markgrafen zu überrumpeln und zu umzingeln. Der Hauptstoß der Franzosen richtete sich gegen Vimbuch und Bühl, doch hier wie bei Stollhofen scheiterte der Umgehungsversuch. Zwar gelang es Tallard, Schwarzach zu nehmen, aber Stollhofen, rechtzeitig durch Öffnen der Schleusen und Stauvorrichtungen ringsum überschwemmt, erwies sich als uneinnehmbar. Nach drei Tagen schwerster Kämpfe mußten sich die Franzosen zurückziehen, und der Markgraf durfte mit berechtigtem Stolz feststellen, daß der Verlust der Linien „unfehlbar den Ruin von ganz Deutschland nach sich gezogen haben würde."

In Wien glaubte man, etwas zu voreilig, wie sich herausstellen sollte, die Rheinfront für alle Zeiten gesichert. Der Kaiser zog vier seiner Regimenter nach Ungarn ab und nahm damit dem Türkenlouis jede Möglichkeit, aus der Verteidigung heraus zum Angriff überzugehen.

Für einen Augenblick durfte er hoffen, am kaiserlichen Hof werde man sich besinnen, was am Rhein auf dem Spiel stehe, als auf den wankelmütigen Leopold mit Joseph I. ein junger tatendurstiger Herr folgte. Statt sich aber vor Ort einen Einblick in die Verhältnisse zu verschaffen, erklärte er dem Markgrafen in einem sehr ungnädigen Schreiben, daß seine Inaktion am Oberrhein unverantwortlich sei. Ludwig Wilhelm möge ungesäumt den Rhein

überschreiten, den Feind an der Lauter überwältigen und so tief als möglich ins Elsaß eindringen. Der Augenblick sei günstig, der Feind gebiete nur über 13 000 Mann, während die Armee des Markgrafen 40 000 Mann stark sei.
In Wahrheit verfügte der Markgraf über 15 000 Mann, die Franzosen über 25 000. Wie konnte er riskieren, mit diesen schwachen Kräften über den Rhein zu gehen! Er mußte im Gegenteil heilfroh sein, die bisher behaupteten Positionen weiter erfolgreich verteidigen zu können.
Eine verständliche Verbitterung war über ihn gekommen. Er, aufgewachsen in der unbedingten Ergebenheit gegen das Haus Österreich, dem Kaiser persönlich zugetan, der treueste Diener des Erzhauses, der verdienteste der kaiserlichen Generale, sah sich am Ende seines Lebens in entscheidenden politischen und militärischen Fragen in einen unüberbrückbaren Gegensatz zur kaiserlichen Politik gesetzt.
Als habe es nur seines Ablebens bedurft, überrannten die Franzosen die angelegten Festungslinien. Aber im Gegensatz zu ihrem früheren Auftreten, gab man sich betont chevaleresk, zumindest den Angehörigen des Türkenlouis gegenüber. Artig verbeugte sich Marschall Villars im Rastatter Schloß vor der Markgrafenwitwe Sybilla Augusta. „Wenn der Sarg Ihres Gemahls auf dem Wallgraben gestanden hätte, wären wir wohl kaum durchgekommen!“, sagte er. Ein zwar nicht wörtlich zu nehmender Ausspruch, aber doch ein Wort, das den tiefen Respekt selbst des Feindes bezeugt. —

Trotz allem: leichten Herzens gab Habsburg die nun von den Franzosen annektierten Gebiete am Oberrhein mit der Freien Reichsstadt Straßburg nicht preis, ging doch auch neben der Hoheit über das Elsaß jahrhundertealter, bedeutender habsburgischer Besitz verloren. Hätten die Türken Leopold vor Wien nicht so hart bedrängt, so würde er sich vielleicht — vielleicht! — aufgerafft haben, das zu verwirklichen, was Karl V. geschworen hatte: „Wenn Straßburg und Wien zugleich bedroht sind, will ich zuerst an den Rhein reiten!"

Die große historische Leistung, die Konsolidierung des Besitzes, der Österreich im deutschen Südwesten blieb, darf über all den Unzulänglichkeiten und Versäumnissen der Wiener Politik nicht verkannt werden. Nach der Amputation des Elsaß erstreckte sich das habsburgische Vorderösterreich immerhin noch vom Breisgau bis in die deutsche Schweiz, das obere Neckargebiet und Oberschwaben bis Vorarlberg. In weiten Teilen war dieses Territorium, einige abgetrennte Zipfel ausgenommen, deckungsgleich mit dem alten alemannischen Siedlungsgebiet. An die Glanzzeit der Habsburger Monarchie vom 16. bis ins 18. Jahrhundert erinnern in zahlreichen Städten und Dörfern noch immer viele Wirtshäuser, die den kaiserlichen Doppeladler im Wappen führen. In Freiburg kommt man über die Kaiser-Joseph-Straße, benannt nach Joseph II. von Österreich, zum Münsterplatz mit seinem südlichen Leben und Treiben, und droben vom Münsterturm wird die Hosanne, die Friedensglocke aus dem Jahr 1258, nicht müde, ihre Botschaft, die so oft ungehört verhallte, dröhnend zu wiederholen.

Als Nachklang zu den insgesamt friedlichen Jahren unter der Habsburger Herrschaft liegt über den Landschaften des Breisgaus, der Ortenau und des Markgräfler Landes ein Anhauch beschwingter Lebensfreude. Die Unterschiede im Grundcharakter der Menschen dieser Gegend und denen seiner eigenen Herkunft sprangen selbst dem Schwaben Reinhold Maier, dem ,,Ziehvater" des neuen Bundeslandes Baden-Württemberg ins Auge. ,,Südbaden", notierte er in seinen Memoiren, ,,hatte mich wegen seiner Bewohner, wegen seiner zwar ernsten, aber gegenüber der schwerfälligen schwäbischen doch gelockerter, beinahe eleganter Lebensweise seit je angezogen. Wir kamen hier mit anderen, ja besser aussehenden Männern und Frauen in Berührung. Wir erlebten die Verwandlung des schwäbischen ‚Gwä' (Gewesen) in das ‚Gsei' und ‚Gsi' . . . Das ist nur ein kleiner Auszug aus meiner erwanderten und daher unvergeßlichen badischen Landeskunde."

Womit wir denn glücklich an dem Punkt angelangt wären, der die Nachfahren der Alemannen, Badener und Württemberger, in zwei Lager aufspaltet(e). Daß im Rheintal an der westlichen Flanke des Schwarzwaldes ein anderer Menschenschlag beheimatet ist, war schon dem Sekretarius an der herzoglichen Kanzlei in Stuttgart und Dichtersmann Wilhelm Ludwig Weckherlin aufgefallen: ,,Die Nähe Straßburgs hat eine gewisse Verflüssigung in die Manieren und die Lebensart der Einwohner gebracht, die sie von dem griesgrämigen und spießigen

Charakter der Schwaben entfernt." Einen Grad schroffer noch ließ sich Friedrich Theodor Vischer über das Naturell seiner schwäbischen Landsleute aus. Ihnen, meinte er, täte eine geistige Luftdurchströmung gut. Ob das von ihm mit sicherer Hand entworfene Schwabenporträt heute noch in allen Details stimmt, oder ob ihm nur in Teilen eine zeitenüberdauernde Berechtigung innewohnt, bleibe offen.

Vischers Psychiaterblick entgeht nichts, wenn er — die Passage findet sich in seinem Roman „Auch Einer" — feststellt:

„Sind so gescheit wie nur irgendjemand, haben aber wie die Schildbürger beschlossen, heimlich gescheit zu sein. Will nichts heraus. Kein Zusammenleben, keine Gesellschaft — denn verhockte Wirtshauskreise sind nicht Gesellschaft — kein Gespräch . . . Guter Verstand überall. Aber kein Gespräch, kein geselliges, verbreitetes, Städte durchfliegendes Ventilieren neuer Dinge, die jedermann interessieren. Kein warmes Wort, kein lebendiger Ideenstreit über neue Bücher, Theaterstücke, Kunstwerke, aufregende politische Ereignisse oder Fragen. Scheint mir aber auch verstockter Eigensinn zugrundezuliegen, machen Gesichter, die sagen: jetzt, weil jedermann davon spricht, weil alle Welt meint, davon müsse die Rede sein, jetzt gerade erst recht nicht. — Sind übrigens auch fremdenscheu, fremdeln . . . Formlosigkeit prinzipiell gemacht: sie gilt für wahre Natur; Form gilt für affektiert, vor allem: höher belebte Form, doch auch einfach richtige Form, zum Beispiel reines Deutsch. Wissen aber doch in Kunst

und Wissenschaft sehr wohl, was große Form ist. Vieles offenbar auch Folge der langen Abgeschlossenheit vom Verkehr. Weltlosigkeit, Versessenheit, Stagnation. Hauptstadt in einem Kessel, können nicht oben hinausgucken. Entsteht ein deutsches Reich, so wird sie vielleicht die Luftdurchströmung wecken, wird etwa sein, als ob man einen großen Fluß durchleitet. — Doch gewiß langsam.
Halten sich in ihrer Selbstliebe für besonders ehrlich, solid, reell — während es mit der Gewissenhaftigkeit in Handel und Wandel im Handwerk um kein Haar besser steht als irgendwo in unserer Zeit . . .
Hören gern: biedere Schwaben. Der wahre Biedermann wird aber die Biederkeit haben, dies Prädikat nicht anzunehmen, weil es klingt, als ob die Leute anderswo nicht bieder wären. . .
Summa: Völklein schwer zu begreifen; Gutes und Schlimmes verknäuelt wie kaum irgendwo. Überrascht aus seiner engen Existenz die Welt auf einmal mit einem Schiller, Schelling, Hegel. Vielleicht kann man sagen: unter dem dichten, knorpeligen Schildkrötenschild ein stets gesparter, obwohl auch viel zu sehr gesparter Schatz von Talent und Kraft. Dies ist die mildeste Ansicht und billigste Entschuldigung."
Nur „a Oigener" durfte es wagen, den Schwaben diesen Spiegel vorzuhalten, ein Anderer hätte sich im Ländle nicht mehr blicken lassen dürfen!
Es ist so reizvoll wie gewagt, das Trennende und das Verbindende im Wesen der Badener und Schwaben, der „wahren" und der „Fragezeichen-Alemannen"

freilegen zu wollen. Ehe ein solcher Versuch unternommen werden kann, erscheint es geboten, in knappen Strichen den Geschichtsverlauf nachzuzeichnen, der ursächlich dazu geführt hat, daß die Menschen am Oberrhein „'s Lebe freudiger verbruuche" (Johann Peter Hebel) als die notorisch arbeitswütigen Schwaben.

Das Schicksal war ihnen nach dem Ende der Stauferzeit nicht eben hold. Die Idylle, die Goethe in der Geschichte von Reineke Fuchs ausmalt, gab es nicht mehr. „Laßt uns nach Schwaben entfliehen", flüstert dort der Fuchs seiner Füchsin zu, „wir halten uns nach des Landes Weise daselbst. Hilf Himmel! Es findet süße Speise sich da und alles Guten die Fülle. Ja, Weibchen, wollen wir endlich Frieden genießen, so müssen wir hin, ihr müßt mich begleiten." — Württemberg war für mehr als 500 Jahre das am meisten zersplitterte deutsche Land. 600 selbständige Territorien, kleinräumige Herrschaften, hatten sich nach dem Erlöschen des Herzogtums Schwaben gebildet und das Land förmlich parzelliert. In der Stickluft dieser Enge, in der die Bewohner des Landes gehalten wurden, mußte jener spezifisch schwäbische Hang zu grüblerischer Betrachtung, zum Verhocktsein und zum Sinnieren entstehen, Eigenschaften, die sich zu Stammesmerkmalen auswuchsen. Ungleiche Paarungen bildeten sich heraus: Philistertum und geistiger Höhenflug, Enge und Weltoffenheit, Schwerfälligkeit und allumfassendes Gedankenfluidum.

Der Stamm der Schwaben erfährt eine Zellteilung, aus der Spintisierer und Sektierer, Genies und

Grübler, Erfinder und Eigenbrötler, weltfremde Schwarmgeister und sehr diesseitig veranlagte Sparer und Häuslebauer hervorgehen.
Gesprenkelt wie kein anderes Gebiet auf der Landkarte, geht dem einstigen Herzland des Reiches die politische Kraft verloren, die es einmal besessen. Wenn von Schwaben in der Zeit der kleinen Potentaten die Rede ist, so wird das Wort als zusammenfassender Begriff für die zahllosen Miniatur-Herrschaften im Ländchen gebraucht.
Doch das Unvorstellbare geschieht. Es manifestiert sich ein politischer Wille, die Untertanen melden ihre Rechte an, und schon regt sich da und dort, zögernd erst und dann immer drängender, heftiger, Widerstand gegen fürstliche Willkür und Fronherrschaft. In Württemberg schlagen die Bauern unter dem Zeichen des Armen Konrad als erste los. Nach der Niederwerfung des Aufstands rollen auf dem Marktplatz in Schorndorf die Köpfe der Anführer „lustig hüpfenden Kieselsteinen gleich“ über das Pflaster. „Sie sollen in ihrem eigenen Blut ersaufen“, hatten sich die Zwingherren geschworen, und sie durften nun, nachdem der Henker seine Arbeit getan, sicher sein, das Mütchen der Aufsässigen für alle Zeiten gekühlt zu haben.
Für alle Zeiten?
Mit Spießen und Heugabeln, das hatten die Bauern gelernt, war gegen die bewaffnete Macht der Fürsten und Feudalherren nichts auszurichten. Man konnte der landesherrlichen Gewalt nur indirekt, mit der Forderung einer landständischen Verfassung, entgegenwirken. In zähem Ringen, ihrer Zeit weit vor-

aus, setzten die württembergischen Landstände durch, daß ihnen weitgehende Machtbefugnisse eingeräumt wurden.

Wie forsch die Landstände von den Rechten, die sie den Mächtigen abgerungen hatten, Gebrauch machten, bekam als erste die Mätresse des Herzogs Eberhard Ludwig von Württemberg zu spüren, die verhaßte Wilhelmine von Grävenitz. Als die „Frau Landeshofmeisterin" endlich, vor allem unter dem Druck der evangelischen Geistlichkeit, nach jahrzehntelanger Miß- und Günstlingswirtschaft auf Amt und Würden und auf das herzogliche Schlafzimmer verzichten mußte, hatte sie die Stirn, vom Land eine Abfindungssumme zu fordern. Die Antwort der Landstände war von erfrischender schwäbischer Direktheit. „Das Mensch bekommt nichts!", entschieden sie. Man war es satt, die „teuflischen principia" von Luxus und Lotterleben mitansehen und mitfinanzieren zu müssen.

Männerstolz vor Königsthronen bewies in der folgenden Geschichte auch der volkstümliche Pfarrer Flattich aus Münchingen, über den noch viele ähnlicher „G'schichtle" im Umlauf sind.

Sein Landesherr, der Herzog Karl von Württemberg, hätte eigentlich gewarnt sein müssen, als er Flattich zu einem Gastmahl auf der Solitude befahl. Schon einige Male in der Vergangenheit hatte der sich nicht gescheut, dem Herzog einige unangenehme Dinge ins Gesicht zu sagen. Doch diesmal, im Kreis erlauchter Gäste, würde er wohl kaum sein Maul auftun; die Einladung an den alten Pfarrer erging in

der Absicht, eben diesen Gästen ein schwäbisches Original vorzuführen.
Nun war zu jener Zeit die französische Mode übernommen worden, sich die Haare mit feinem weißen Puder oder auch Mehl zu bestäuben. Bei Tisch erschienen alle die Damen und Herren weiß gepudert, nur auf des Pfarrer Flattichs Kopf war kein Mehlstäubchen zu sehen. Mißbilligend bemerkte es Seine Herzogliche Gnaden.
„Warum hat Er sich denn nicht gepudert?", fuhr er vor allen Gästen den Pfarrer in dessen abgewetzten Rock an.
„Weil mei Frau das Mehl zu de Spätzle braucht!", erwiderte der Gemaßregelte trocken. Worauf sich Durchlaucht, wie berichtet wird, eine ganze Weile nur mit seinem Essen beschäftigt haben soll.
„Um den Preis hättscht dei Gosch halte könne!", pflegt der Schwabe in solchen Fällen zu sagen.
Die demokratischen Ansätze in diesen, scheinbar nur am Rande spielenden Episoden und Episödchen sind unübersehbar. Der Staatsbürger war zwar noch ein unbekanntes, in der Realität nicht vorhandenes Wesen, doch sein Kommen kündigte sich an. Nicht nur im Schwabenländle, auch im benachbarten Baden, begann es, unter der Decke zu rumoren, regten sich schon sehr früh freiheitliche Bestrebungen.
Zu offener Rebellion gegen die Obrigkeit kam es im Südschwarzwald in der Grafschaft Hauenstein, die seit 1433 eine Art Bauernrepublik bildete, der Graf selbst war entbehrlich geworden. Zwar unterstand das kleine Fleckchen Land der Oberhoheit Österreichs, doch hatten die habsburgischen Herzöge den

Hauensteinern Freiheitsgarantien eingeräumt, auf deren buchstabengetreuer Einhaltung die Bauern pochten, so wie sie in der Einungsverfassung von 1433 beschrieben waren:

„Wir, die Einungsmeister und das ganze Land vor und hinter dem Hag mitsamt den Tälern Todtnau und Schönau thun kund und zu wissen: Da jeweils eine Gewohnheit und altes Herkommen bei uns gewesen, in allen Dingen einig zusammenzuhalten und wir uns aber seit kurzem in etlichen Stücken und Handlungen voneinander gesondert, woraus viel Unfälle und Gebrechen für unser Land entstanden sind, so haben wir uns neuerdings vereint, verpflichtet und verbunden, daß Alle auf dem Wald hinfür in allen Sachen mit Thun und Lassen, sonderlich in Kriegen und Feindschaften, eins zusammen seyn und gehören wollen, wie vorher. Keiner soll sich dem anderen (ent)ziehen, sondern alle sollen miteinander helfen, Frieden und Unfrieden gegen männiglich, so sich wider uns setzet oder uns angreift.

Gegeben Samstag vor Matheus 1433."

„Alle auf dem Wald", das waren die Hotzenwälder, die Salpeterer", die 200 Jahre lang im blutigen Streit mit dem mächtigen Kloster St. Blasien lagen und auch nicht Ruhe gaben, als die Grafschaft auf dem Wiener Kongreß an das Großherzogtum Baden kam. Salpeterer nannten sie sich nach ihrem Anführer, dem Salpetersieder Hans Fridle Albietz, allgemein nur der Salpeter-Hans geheißen. Er war gewählter Einungsmeister und Sprecher der Grafschaft, wurde wegen Unbotmäßigkeiten gegen die Obrigkeit verhaftet und starb unter nie ganz geklärten Umständen im Freiburger Gefängnis. Ein Bild seiner Person läßt sich aus der Charakterbeschreibung gewinnen, die ein Mönch von St. Blasien über den Gefangenen verfaßte: „Er besaß viel Verstand, widersetzte sich aber jeder Belehrung. Er war zugleich hohen Sinnes, aber trotzig gefaßt, aber auch aufbrausend."

Ein echter Hotzenwälder, also einer, der Tod und Teufel und schon gar nicht die Schwarzkutten fürchtete, wenn es galt, die althergebrachten Freiheiten zu verteidigen.

Geschehen war dies: das Kloster St. Blasien hatte versucht, den freien Hauensteinern eine Art Leibeigenschaft aufzuzwingen. Dahinter verbarg sich eine handfeste Erpressungsabsicht: gegen Zahlung von einigen zehntausend Gulden konnten sich die Einwohner von Hauenstein wieder freikaufen.

Der Handel wurde nur zum Teil perfekt. Diejenigen, die ihre Ruhe haben wollten, zahlten, die Salpeterer dagegen waren „in keine Schranken mehr zu bringen" wie der Waldvogt in Waldshut an die Regierung in Freiburg meldete.

Um den Aufruhr niederzuschlagen, der sich wie ein Feuerbrand ausbreitete, wurde ein starkes Truppenaufgebot in den Hotzenwald entsandt, mit dem ausdrücklichen Befehl, jeglichen Widerstand mit Waffengewalt zu brechen. Der unvermeidliche Zusammenstoß erfolgte in den Märztagen des Jahres 1739. Die Soldaten trieben einen Demonstrationszug von 1 000 Salpeterern auseinander. Wer Widerstand leistete, wurde festgenommen, fünf Männer, die als Rädelsführer verdächtigt wurden, kamen sogleich

auf den Richtblock, über die anderen wurde Zwangsarbeit und Verbannung verhängt.
In Freiburg triumphierte man, die finsteren Hotzenwälder zur Räson gebracht zu haben. Doch schon 6 Jahre später traten „die Wälder" erneut an, berannten die Stadt Waldshut und trafen Anstalten, das Kloster St. Blasien niederzubrennen, wie schon im Bauernkrieg 1525.
Das Ende ist schnell berichtet. Die Erhebung brach nach kurzer Zeit zusammen und 112 Salpeterer wurden „für ewige Zeiten" nach Ungarn verbannt. Erleichtert stimmten die Mönche von St. Blasien ein Tedeum an.
Noch ein letztes Mal wallte das alte Rebellenblut, als die großherzogliche Finanzkasse in Karlsruhe das Schnapsbrennen mit saftigen Steuern belegte. Dies ging den Nachfahren der wackeren Salpeterer nun ganz und gar gegen den Strich. In puncto Kirsch- und Zwetschgenwasser reagieren die Schwarzwaldbauern bis auf den heutigen Tag sehr empfindlich, wenn der Staat wieder einmal eine Erhöhung der Branntweinsteuer beschließt. Prompt ging denn auch anno 1812 ein lautes Grollen vom Hotzenwald herauf bis in den Bühler Bereich, besonders deutlich in den Gegenden zu vernehmen, in denen die Feuer unter den Brennkesseln brannten.
„Ein größeres Übel ist geschehen", meldete der Waldkircher Bürger Johann Michael Jehle zornlodernd in seiner Chronik. „Im Jahre 1812 ist eine funkelnagelneue Abgabe zu Folge Großherzoglich Badischer Verordnung eingeführt worden. Man nennt sie Accisabgabe. Vorher hat man in unserer

Gegend nichts von Accis gewußt, ja man hat dieses Wort noch nicht einmal gekannt. Von geringem Branntwein mußte gegeben werden für die Maß 1 1/4 Kreuzer, von Kirschwasser 2 Kreuzer."
Im Hotzenwald rief man zum Steuerstreik auf, nach Meinung der hohen Obrigkeit angezettelt von einer „Bande von Separatisten." Die Wortführer wurden dingfest gemacht, kamen aber mit einem verhältnismäßig milden Urteil davon. —
Waren die Hauensteiner Ereignisse noch eine periphere Angelegenheit, begrenzt auf den äußersten Südschwarzwald, so befand sich die Großherzogliche Residenz in Karlsruhe während der stürmischen Märztage des Jahres 1848 unmittelbar im Zentrum des Bebens. Ausgerechnet in der als Insel des Friedens geltenden Ortenau rumorte es gewaltig. Schon in den ersten Märztagen war es hier unter dem Zeichen von Schwarz-Rot-Gold zu Unruhen gekommen. Vergebens drohte der Karlsruher Hof mit der „Herbeiziehung einer Militair-Macht". Immer mehr Bürger schlossen sich der Freiheitsbewegung an, wie überhaupt im ganzen Badener Ländle der Ruf nach Freiheit mit am kräftigsten erscholl.
Am Geburtstag des Großherzogs kam es in Oberkirch zu einem aufsehenerregenden Eklat. An dem behördlich angeordneten Festzug zu Ehren von Hoheit nahmen ganze 9 Personen teil, und es gab weder Glockengeläute noch Böllerschüsse. In Rastatt meuterte die Truppe, und als gar noch die Karlsruher Garnison den Gehorsam verweigerte, setzte sich der Landesherr eilends ab und ging außer Landes . . .

Über die renitenten Oberkircher, die den Festzug boykottiert hatten, meldete Stadtquartiermeister Cotti ahnungsvoll schon am 31. Juli 1848, daß wohl kein zweiter Amtsbezirk in Baden zu finden sei, der von den „Umstürzlern“ so unterwühlt sei wie Oberkirch. Das Aufbegehren gegen die Willkür von oben hatte hier Tradition. Schon einmal, als die Bischöfe von Straßburg noch Herren der Lande rechts des Rheins waren, breitete sich, von Oberkirch ausgehend, der Aufruhr wie ein Flächenbrand über die ganze Ortenau aus. Er richtete sich gegen den Kardinal Rohan, dem mehr an der weltlichen als an der geistlichen Macht lag, die er über die Bewohner seines rechtsrheinischen Sprengels besaß. Anderswo mochte das Wort „Unter dem Krummstab läßt sich's gut leben“ seine Berechtigung haben — bei Rohan nicht. Er beutete die Bürger und Bauern rücksichtslos aus, so lange, bis bei den Oberkirchern „das Häfele überkochte.“ Es kam zu einem regelrechten Aufstand, der den Straßburger Oberhirten veranlaßte, ein paar Regimenter Kroaten in die Ortenau zu entsenden. Der verhaßte Landvogt Bruder, eine Kreatur Rohans, preßte dem armen Land nach der Niederschlagung des Aufstands eine Sühne von 100 000 Gulden ab, und damit nicht genug: Exekutionskommandos durchkämmten die Häuser, und wer des Aufruhrs für schuldig befunden wurde, wanderte in die Zuchthäuser von Mainz und Mannheim.

Wie es den 48er Demokraten am Ende erging, ist bekannt. Der preußische „Kartätschenprinz“, der nachmalige Deutsche Kaiser Wilhelm I., schlug die

Erhebung nieder, und seine Kriegsgerichte sorgten dafür, daß bald niemand mehr die Losung des „roten Hecker" nach mehr sozialer Gerechtigkeit und der Gewährung demokratischer Grundrechte laut auszusprechen wagte.
Baden schickte sich an und darein, das Musterländle des Deutschen Reiches zu werden.
Die angeführten Beispiele, die keineswegs nur Einzelfälle von lokaler Begrenztheit waren, belegen es: so lammfromm, wie die Badener und die Schwaben nach landläufiger Vorstellung sind, sind sie keineswegs. Sie können Beide recht ungemütlich werden, das alte Alemannenblut ist noch virulent in ihnen, wenn auch die Tage weit zurückliegen, da alle männliche Nachfahren des Stammes als „zu Schild und Schwert geboren" galten.
Dafür sagen sie heute a bitzle u'geniert im Badischen, und gradraus ens G'sicht nei im Schwäbischen ihre Meinung, wenn die Planer in Stuttgart in Wyhl partout ein Kernkraftwerk bauen wollen oder mit gefalteten Händen gottergeben zusehen, wie der Schwarzwald langsam stirbt. Die festgefügten demokratischen Traditionen haben denn auch das Ihre dazu beigetragen, daß das Bundesland Baden-Württemberg überraschend schnell und (nahezu) schmerzlos eine innere Stabilität gewonnen hat, die aus dem eingebrachten Gut beider Landesteile resultiert. Das Verbindende hat sich stärker erwiesen als das Trennende. Dies schließt nicht aus, daß es gelegentlich zu „Rückfallvergehen" kommt, daß man sich aneinander wetzt, in aller Freundschaft natürlich, aber doch so, daß man auf den Punkt ge-

nau jene Stelle trifft, wo's den anderen mächtig wurmt.

Insofern paßte in jüngster Zeit ein Befund, den zwei Nervenfachärzte der Allgemeinen Psychiatrie der Tübinger Universitäts-Nervenklinik vorlegten, trefflich ins Konzept einiger Mitmenschen, die es den Schwaben noch immer nicht verziehen haben, daß das Land von Stuttgart aus regiert wird. Der Befund stützt sich auf die Ergebnisse einer achtjährigen Untersuchung von Krankheitsgeschichten depressiver Patienten. Darin wird den Schwaben eine gewisse Nähe zum Typus melancholicus bescheinigt. ,,Sie können sich" — Zitat aus dem Untersuchungsbericht — ,,schwerer als ihre Nachbarn heiterem Lebensgenuß hingeben und neigen eher zu einer pessimistischen Lebensauffassung."

Die Badener, seit alters g'lüschtiger auf die schönen Dinge des Lebens, nicken zustimmend: So sind sie, die Schwaben! Schaffig bis zum Umfallen, b'häb bis zum Geiz in geldlichen Dingen, rechthaberisch und bockig — kurzum ganz das Gegenteil des im Umlauf befindlichen Bildes von den gemütlichen Schwaben. Halt jene ,,Schwabenhammel", über die sich selbst der milde Gottesmann Johann Peter Hebel erregte.

Davon stimmt, daß das Volk der Schwaben drei Dinge ,,uff dr Tod net" ausstehen kann:

— wenn einer im Schaffen ein Haar gefunden hat,
— wenn einer dem Teufel ein Ohr wegschwätzt, ohne daß etwas Gescheites dabei herauskommt,

— und wenn einer sein Gerstle — sein
Geld — nicht zusammenhalten kann.

Und während sie diese schwäbischen Glaubensartikel verkünden, blicken sie penetrant in eine bestimmte Richtung, in der nach ihrer Meinung Leute wohnen, die ganz andere (und selbstverständlich entschieden verwerfliche) Ideale haben. Es ist nicht schwer, zu erraten, wohin ihr Blick geht.

Seitdem man das gemeinsame Haus bezogen hat, haben sich die Reibereien zwar nicht ganz geglättet, aber doch wesentlich gemildert. Nur ab und zu bricht der alte Ärger wieder auf, wenn man den Nachbarn, zu Recht oder zu Unrecht, verdächtigt, er wolle sich hintenrum auf Kosten des Anderen etwas erschleichen, was ihm nicht zukommt.

Lustigerweise ruft dabei die rein akademische Frage, wer dem lieben Vaterland in der Vergangenheit die größten Geister geschenkt habe, die alten Intimfeinde auf den Plan. Da steht der Schiller gegen den Victor von Scheffel, der Hölderin gegen Johann Peter Hebel, der Hegel gegen den Martin Heidegger, der Gottlieb Daimler gegen den Carl Benz und der Theodor Heuss gegen den Friedrich Ebert. Die ganze lange Genie-Riege wird von beiden Seiten ins Treffen geführt, und allemal endet der edle Wettstreit mit einem Patt. Auf den Gedanken, daß die Heroen, auf die man sich beruft, stammesverwandt sind, kommen die in Harnisch geratenen Kämpen nicht.

Eine beiden Seiten gerecht werdende salomonische Lösung des Problems wurde unter dem Zeichen des „guten Sterns auf allen Straßen“ gefunden: fried-

lich im Firmennamen des Weltunternehmens vereint, fungieren hier zwei Männer, die sich im Leben nie begegnet sind: der Badener Carl Benz und der Schwabe Gottlieb Daimler, die beiden Pioniere des Automobilbaus.
Symbolfiguren auch für das geistige Band, das die zwei Landesteile verbindet, finden sich in Hülle und Fülle. Oder wagt jemand ernstlich zu behaupten, die Badener und die Württemberger seien in zwei verschiedenen Kulturen zu Hause? —
Die Humanitas der alemannischen Welt, bezeichnet von Namen wie Albertus Magnus, Albert Schweitzer, Carl Jakob Burckhardt, Robert Minder, Gottfried Keller, Friedrich Hölderlin, René Schickele und Wilhelm Hausenstein, schließt sie alle ein.

# *X. Die alemannische Renaissance*

Man erinnere sich: die Alemannen waren so tot wie die Parther, die Karthager, die Goten. Kaum mehr als der Name war von ihnen geblieben. Wie das „ungeheuerliche Volk der Alemannen“ von dem ein römischer Geschichtsschreiber berichtet, beschaffen war, bleibt im frühgeschichtlichen Dunkel.

Sicher ist nur eines: sie fielen mit barbarischer Urgewalt über alle Völker her, die sich ihnen in den Weg stellten, und sie unterwarfen sich alles Land, das ihr Heerbann durchzogen hatte. Deutlicher werden die Konturen erst, als die Besiedlung der eroberten Gebiete einsetzt und die Alemannen ihre Toten der Erde übergeben, die Krieger im Schmuck der Waffen, die Frauen mit kunstvollen Goldbroschen und Gürtelschnallen.

Über die Zeiten hinweg wirksam blieb die Faszination des Namens, den sie sich selbst gegeben hatten. Doch was sich mit dem Namen verband, was Geschichte, war abgelebte Vergangenheit.

Anders die Franken, die einstigen Widersacher. Sie sind noch leibhaftig da, Wesen aus Fleisch und Blut, direkte, „beweisbare“ Nachfahren eines Volkes von Kolonisatoren und Staatengründern, unver-

braucht und lebensfähig wie seit dem Tag, da sie in die Geschichte eintraten.
Die Alemannen — Schatten nur, Sagengestalten aus fernen Mythen, offensichtlich aufgegangen im Völkerbrei ihrer Umgebung. Kein nationales Epos kündet von Ihnen, ihre Fußspuren sind verweht im Staub der Weltgeschichte.
Verweht bis zu dem Tage, da ein Dichterwort den Zauber löste und dem verschütteten alemannischen Bewußtsein seinen Lebensodem einhauchte.
Ein Phänomen hört auf ein solches zu sein, wenn es erklärt werden kann. So gesehen ist nichts gegen die in vielen Lexika übereinstimmend anzutreffende Feststellung einzuwenden, das Erscheinen der ,,Alemannischen Gedichte" von Johann Peter Hebel im Jahre 1803 habe die alemannische Sprache neu belebt, ihr gewissermaßen zu literarischem Rang und Ansehen verholfen. Eine Sprache, die bis dahin nicht viel mehr als ein Dialekt unter vielen anderen Dialekten war, ohne großen Eigenwert, tauglich nur für die Verständigung von Bauern, Winzern, Flößern, Holzfällern und biederen Bürgersleuten untereinander, allesamt aus einer Gegend stammend, in der sich Fuchs und Hase Gutenacht sagen.
Ja, und danach habe derselbe Verfasser den ,,Rheinländischen Hausfreund" herausgegeben, einen Jahreskalender, zu dem er selbst zahlreiche Beiträge, Kalendergeschichten heiter-besinnlicher oder auch lehrreicher Art schrieb. Der Erfolg dieser Geschichten habe den Autor schließlich bewogen, einen Teil davon in der Sammlung ,,Schatzkästlein des Rheinischen Hausfreundes" zusammenzufassen.

Knapp angemerkt der Zusatz, die mundartlichen Gedichte und Erzählungen hätten ihrem Verfasser die Anerkennung und Wertschätzung Goethes und Jean Pauls eingetragen.

*Johann Peter Hebel.*

Dem ganzen Hebel, dem Menschen und Dichter, begegnet man in dieser sachlich-nüchternen Kurzbiographie nicht, die das Wichtigste übergeht: das Sich-wieder-Regen der alemannischen Eigenständigkeit, hervorgerufen einzig und allein durch ein schmales Gedichtbändchen. Wohl bleibt im Leben Johann Peter Hebels alles datier- und erfaßbar, ein aufgeschlagen' Buch, jedermann zugänglich; nichts Aufregendes darin, ein Pastoren-Leben, breit und gemächlich erzählt. Nirgendwo die Spur einer Andeutung, daß sein Werk zu einem ,,Spätzünder" werden, daß es eine alemannische Renaissance einleiten würde.
Ihm, dem Schöpfer und Anreger der Mundartdichtung, genügte es, daß seine Geschichtchen und Histörchen Anklang fanden, daß er ein Publikum hatte, das Jahr für Jahr begierig auf die neuen Kalendergeschichten wartete. Ein Volksschriftsteller — mehr wollte er nicht sein, Poet oder Dichter schien ihm eine für seine Person und seine Art von Erzählerkunst zu hoch gegriffen. Aber es kitzelte seinen schriftstellerischen Ehrgeiz natürlich schon ein bißchen, daß sein ,,Schatzkästlein" zu einem wahren Hausbuch der Deutschen wurde, und daß unter seinen Lesern zunehmend mehr Leute waren, für die Alemannisch mehr oder weniger eine Fremdsprache war und die sich sehr schwer taten, die Sprache Hebels in ihrem Sinngehalt zu erfassen. Für sie ,,verdeutschte" die bezaubernde Sprachmelodie die teilweise unverständlichen und hochdeutsch-unübersetzbaren Worte in einem Gedicht, das so anhebt:

*Der Morge will und will nit cho,*
*und woni los! schloft Alles no;*
*i weck si nit, so lang i cha,*
*i lueg e wengeli d'Gegnig a.*
*Zeig, Wülkli mach iez keini Streich!*
*Der Mond schint ohni das so bleich.*
*Kei Blüemli rot, kei Blüemli wi:*
*An alle Bäume nüt as Ris!*
*Um alli Brunntrög Strau und Strau,*
*vor Chellertür und Stalltür au.*
*Mi Vetter hets drum sölli g'macht,*
*und lauft iez furt in dunkler Nacht.*

Natürlich konnte der Präzeptor am Karlsruher Gymnasium und Prälat der Evangelischen Landeskirche auch anders. Seine Kalendergeschichten sind in „einwandfreiem" Hochdeutsch geschrieben, wenngleich in manchen Wendungen die alemannische Schalksnatur, belustigt blinzelnd, im Vorüberhuschen zum Vorschein kommt.

Hebels Liebe gehörte zeitlebens der Landschaft am Oberrhein. Die Wiese, „des Feldbergs liebligi Tochter", das Flüßchen, das „allwil en andere Weg und alliwil anderi Sprüngli" macht, hatte er besonders ins Herz geschlossen, ihr silbernes Murmeln klingt in den Gedichten auf, die er sich, heimwehkrank, im fernen Karlsruhe von der Seele schrieb. Die Stadtluft behagte ihm nicht, und die Karlsruher Schloßkirche, an der er predigte, hätte er gerne für eine stille, kleine Pfarre im Tal der Wiese hingegeben.

Von dort hätte er, so oft ihn die Lust ankam, zum Belchen wandern können, den er in einer Hymne als den „Großen, Niebewegten, Wolkenspendenden" besungen hatte. Nun aber hielten ihn die Amtsgeschäfte eines Kirchenrates und seine Pflichten als Abgeordneter im Badischen Landtag in Karlsruhe fest. Der Belchen war seinen Blicken entrückt, der Berg seiner Jugend, den er allein und in Gesellschaft mit Freunden bestiegen hatte, den er als die erste Station von der Erde zum Himmel betrachtete. Wenn er, mißmutig in den vor ihm liegenden Akten blätterte, konnte es geschehen, daß sich seine heitere Gemütsart verdunkelte und er anklagend die Augen zum Himmel erhob und seufzte: „Hab ich dazu Thau auf dem Belchen getrunken und das Rauschen der Buchen gehört?"

In solchen Stunden war ihm der Wein ein rechter Tröster.

*E Trunk in Ehre,*
*wer will's verwehre?*
*Trinkt 's Blüemli nit si Morgethau?*
*Trinkt nit der Vogt si Schöppli au?*
*Am Werchtig hemmer gschafft,*
*drum bringt der Rebensaft*
*am Sunntig neui Chraft.*

Ein religiöser Eiferer war er wirklich nicht, und immer wieder hatten die Kirchenoberen Anlaß, besorgt den Kopf zu schütteln, wenn ihnen Dinge zu Ohren kamen, die sich für einen Prälaten durchaus nicht schickten. War es vielleicht statthaft, daß sich ein Mann seines Standes in Baden-Baden ungeniert an den Spieltisch setzte, auf die Gefahr hin, von Leuten gesehen zu werden, die ihn am Sonntag von der Kanzel herab predigen hörten? Daß er sich sogar ganz offen diebisch freute, fünf Tage lang das große Spiel getrieben zu haben, „nicht nur an der Tafel, sondern auch an der Bank, an letzterer so glücklich, daß ich diese fünf Tage nicht nur frei leben, sondern auch groß tun konnte!“

Höchst bedenklich auch die Äußerung des Kirchenrates Hebel, man könne Gott ebensogut bei einem Glas Wein wie in der Kirche loben! Entschuldbar nur durch seine Herkunft aus dem Markgräfler Land. . .

Und dann zu allem Überfluß noch die skandalöse Geschichte mit dem Herrn von Goethe, von der man befürchten mußte, daß sie bald im ganzen Badner Ländchen unter vorgehaltener Hand weitererzählt werden würde!

Da hatte doch dieser Goethe, von dem man wußte, daß er ein Freigeist war, den Prälaten Hebel besucht, die Herren hatten Komplimente ausgetauscht und wohl auch ein Fläschchen zusammen geleert. So weit, so gut. Danach aber hatten sie in Begleitung des Herrn Oberbaudirektors Weinbrenner den Naturforscher Gmelin besucht, um dessen berühmte Naturaliensammlung zu besichtigen. Bei den seltsam geformten Muscheln verweilten sie lange und reichten sie von Hand zu Hand. Die Unterhaltung wurde auf lateinisch geführt, immer wieder vom schallenden Gelächter der Herren unterbrochen.

Weinbrenner, der des Lateinischen nicht mächtig war, stand ein wenig verloren daneben. Nach dem Rundgang erkundigte er sich bei Gmelin, worüber denn die Herren so laut gelacht hätten. Ob er’s ihm übersetzen könne?

„Lieber nit, mein Lieber!" wehrte Gmelin ab. „Sunst täte mer auf deutsch gar schöne Sauereie zu höre bekomme!" —

Genug der Pikanterien! Goethe nahm aus der Begegnung mit Johann Peter Hebel die Erkenntnis mit, die Muttersprache sei doch „recht eigentlich der Ort, wo die Seele ihren Atem schöpft". Wie eine Huldigung an den Genius der Enge, aus der Hebel kam und aus der er seine Kraft schöpfte, lesen sich die Worte, die er für die Spannweite von Hebels dichterischem Atem fand: „Von dem eigentlichen Sinn seiner Lebensart durchdrungen, von der höchsten Stufe der Kultur seine Umgebung überschauend, wirft er das Gewebe seiner Talente gleichsam wie ein Netz aus, um die Eigenschaft seiner Landes- und Zeitgenossen aufzufischen."

Es ist nicht auszuschließen, daß Goethe, der die Kalendergeschichten und vielleicht auch das eine oder andere alemannische Gedicht kannte, vor der Begegnung mit Hebel darauf gefaßt war, einen biederen Heimatdichter zu treffen, ein Erzählertalent, gewiß, aber letztlich doch ohne eigenen literarischen Anspruch. Er verbauere auf die naivste, anmutigste Weise das Universum, hatte er über ihn gesagt, keineswegs abschätzig, doch in feiner Goethe'scher Art die Begrenztheit dieses Kalendermannes vornehm andeutend.

Wenn Goethe mit diesem vorgefertigten Urteil im Gepäck Hebel aufsuchte, so mußte er überrascht sein, einen Gesprächspartner anzutreffen, dem so gar nichts Provinzlerisches anhaftete, einen urbanen Geist, mit dem sich trefflich über Kunst und

Dichtung, über die Farbenlehre und über die deutschen Zustände in diesen bewegten Zeiten plaudern ließ, wo der große Korse sich anschickte, die europäische Landkarte zu verändern. Des Olympiers Glaube an die Güte der Menschennatur war — man weiß es — nicht eben überentwickelt, und was er von den Doctores, Magistern, Schreibern und Pfaffen hielt, hat er seinem Faust im Auftritts-Monolog in den Mund gelegt.
Hebel vereinigte alle diese mißliebigen Spezies in seiner Person: den Schulmeister und den Prediger, den Schreiber und den Doctor honoris causa gar, und oh Wunder! — dieses Compositum ergab einen Menschen voller Redlichkeit und reinster Herzensgüte. Einen, dem es gegeben war, aus jedem Kiesel Feuer zu schlagen. Daß die im Grunde einfachen, stets gleichbleibenden Stilmittel der Sprache eine solche Leuchtkraft verliehen, daß alles, was er schrieb, Kalendergeschichten, Sagen und Verse eine poetische Überhöhung erfuhr, setzte selbst einen Goethe in Erstaunen.
Nein, das enge Wams eines Heimatdichters hatte dieser Mann längst abgestreift.
Sie schieden als Freunde und der Geheime Rath Goethe mochte sich im stillen eingestehen, daß er bei dieser Begegnung der eigentlich Beschenkte war. —
Es stimmt tröstlich, daß Hebel noch zu Lebzeiten die verdiente Anerkennung zuteil wurde; es bildete sich eine keineswegs nur auf den alemannischen Sprachraum beschränkte Hebel-Gemeinde, viele seiner Erzählungen wurden in die deutschen Lese-

bücher aufgenommen, sein „Schatzkästlein" kletterte über die 200. Auflage hinaus, der „Kannitverstan", die wohl menschlich bewegendste und tiefgründigste seiner Geschichten wurde verfilmt.
Ein Mann aus der entgegengesetzten Ecke Deutschlands, der niederdeutsche Dichter Klaus Groth gab in zwei Sätzen die Empfindungen wieder, die uns Heutige nach fast 200 Jahren bewegen, in stillen Stunden nach dem Hebel im Bücherschrank zu greifen. „Was Hebel geschrieben hat, ist durch und durch Poesie, Poesie vom reinsten Golde . . . Hebel schaut wie ein Kind alles mit beglücktem Auge an, das Kleine wird ihm groß, das Alltägliche wunderbar, das Große lieblich, das Heilige zutraulich."
Martin Heidegger rühmte Hebels Sprache als die einfachste, hellste, zugleich bezauberndste und besinnlichste, die je gesprochen wurde — eine Umgangssprache des Herzens, die — so Heidegger — „das Bleibende im Unscheinbaren bewahrt."
Es läßt sich leicht vorstellen, daß der Gefeierte, hätte er alle Loblieder auf seine Person und sein Werk gehört, ein wenig verlegen an seiner altmodischen Halsbinde gezupft und gemurmelt hätte: Göhnt, Lüt! Ma schwätzt, wie eim der Schnabel g'wachse isch, und i schreib wie i schwätz!
Sein Nachruhm überdauerte die Zeiten, doch sollte noch viel Wasser die Wiese hinunterfließen und sie den Rhein, „des Gotthards großem Bueben", zuführen, ehe die badischen Alemannen in der Mitte des 20. Jahrhunderts plötzlich ihr alemannisches Herz laut pochen fühlten, als habe es eine Injektion erhalten.

Die Freiburger Muetterschproch-Gesellschaft strich das Wörtchen badisch aus ihrem Vokabular und ersetzte es durch alemannisch. In tausenden von „Aufkläbèrle", die Amtstüren und Autofenster zieren, wurde und wird daran erinnert, daß „ma bi uns au alemannisch schwätze cho". Die alten Bräuche kamen wieder zu Ehren, im Südwest-Fernsehen gab es, angekurbelt von den rührigen Sprechern der Muetterschproch-Gesellschaft auf Kanal 3 ein Viertelstündchen alemannisch, der Rundfunk zog in Hebels Namen nach, alemannisch war mit einem Male — wörtlich zu nehmen — in aller Munde.
Freiburg ist unbestritten die Metropole dieses imaginären, freischwebenden Alemanniens, eines Traumreiches mit öffentlichem Zugang. Dies ist alemannisches Land!, verkündet der erzene Mund der Glocken vom Münsterturm, und tragen nicht die stimmgewaltigsten unter ihnen, d'Susanne und d'Hosanne, alemannische Taufnamen? Drunten auf dem Münsterplatz flanieren die „Jumpfere wie Milch un Bluet" zwischen Blumenständen und Brezel-Buden, bussieret a wengeli mit den Herren Studiosi herum, und wenn das Mittagläuten ertönt, sind in allen Wirtsstuben und Gasthäusern die traditionellen alemannischen Spezialitäten auf der Speisekarte zu finden: Das badische Ochsenfleisch mit Meerrettichsoße, die weiße Bohnensuppe mit Schweinsohren und Füßle, der badische Sauerbraten, die Kalbsbrust im Zwiebelbett, Spargel mit Kratzede, das Schneckensüpple mit Rahm, ein deftiger Rahm- oder Münsterkäse zum guten Schluß, nicht zu vergessen den duftenden Zwiebel-

kuchen, den es zur Zeit des Neuen oder Federweißen in vielen Variationen gibt.

Zu den schönen Dingen des Lebens, auf die alle Alemannen, ohne Unterschied der Nationalität, „g'lüschtig" sind, zählen nun einmal die Tafelfreuden; die Vermutung liegt nahe, daß der angeborene Hang zum Schlemmen und Schmausen traumatisch bedingt ist, daß es der Heißhunger war, der die Alemannen aus dem unwirtlichen Norden in nahrhaftere Gefilde trieb. Womit denn, trifft diese Annahme zu, die innige Freude an dampfenden Schüsseln und vollen Bechern historisch begründet und gerechtfertigt wäre . . .

# *XI. Die Alemannen-Internationale Eine Fehlanzeige*

Sieben bis zehn Millionen Menschen, die bei großzügiger Einschätzung als Alemannen oder doch als alemannisch versippt bezeichnet werden können, leben, in fünf Nationalitäten aufgespalten, in den Gebieten, die seit rund 1500 Jahren fest in ihrer Hand sind. Die losen bis temperiert freundschaftlichen Beziehungen dieser nachgebliebenen Alemannen resultieren sowohl aus den verschiedenen Interessenlagen als auch aus der eingewurzelten Abwehrhaltung gegenüber Außenstehenden, auch wenn es sich bei diesen um direkte Verwandte handelt. Über die mundartliche Zusammengehörigkeit hinaus gibt es kaum irgendwelche gegenseitigen Bindungen. Schweizer und Elsässer, Liechtensteiner und Vorarlberger, Schwaben und Badener sind allesamt peinlich darauf bedacht, unter sich zu bleiben. Keinerlei Verlangen nach einem Panier, unter dem man sich scharen möchte, keine „Bruderhand" über die Schlagbäume hinweg. Zwar sind die Grenzen heute glücklicherweise nicht viel mehr als Zäune zwischen Nachbargärten, doch, wie zwischen guten Nachbarn üblich, respektiert jeder das „Stückle", das dem anderen gehört.

Die Alemannen sind einander fremd geworden. Der Familiensinn ist ihnen abhanden gekommen. Selbst dort, wo sie wie die Württemberger, die Badener und die Lechschwaben in einem Staatsverband leben, fehlt der Zusammenhalt, will sich das Gefühl einer schicksalhaften inneren Bindung nicht einstellen.

Da kann wieder und wieder der Nachweis erbracht werden, daß die Alemannen hier wie dort ihrer Herkunft nach auf Menschen derselben Volksgruppe zurückgehen, daß es nur Dialekt-Eigenheiten sind, die sie voneinander unterscheiden, da mögen die Stammescharakterologen aus Volksbräuchen, Gefühlshaltungen, Werten und Symbolen ein so undefinierbares Etwas wie eine alemannische Natur herauslesen — all dies kann keine Rückwirkung in die Historie bewirken: die Alemannen-Internationale bleibt eine papierene Konstruktion, mögen die Ländergrenzen auch hundertmal weder Grenzen von Stammesart, Mundart, Sitte, Trachten, Hausbau und Kunst sein.

Nur einmal im Jahr schwappt ein alemannisches Hochgefühl über die Grenzen hinaus, wenn im gesamten alemannischen Kulturgebiet die Narrenzeit anhebt. In dem ausgelassenen Treiben gehen die alten Ressentiments unter, kommt es für die Dauer der närrischen Tage zu einem fröhlichen alemannischen Familienreigen. Bis dann die Masken abgelegt sind, und die Schellengewänder für ein Jahr wieder in die Truhe wandern.

Es wäre dr Mies pfiffe (der Maus gepfiffen, will heißen: es wäre vergebliche Liebesmühe) sich um ein Näherrücken der in so viele Nationalitäten aufgespaltenen Verwandtschaft zu mühen. Das dünne Echo, das der alemannische Weckruf gefunden hat, erhärtet die nüchterne Einsicht, daß weit und breit nicht die geringste Neigung besteht, sich einer alemannischen Großfamilie anzuschließen, und niemand sollte dies bedauern. Die eigene kleine Heimat ist seit Anbeginn des Alemannen Reich und Hort.

Wenn als Nebenprodukt mancher geschäftiger Bestrebungen eine bewußte Hinwendung zur heimischen Mundart und zur Bewahrung der überkommenen kulturellen Werte konstatiert werden kann, so wird dies bei den direkt Angesprochenen, wo sie auch leben, auf offene Ohren stoßen. Auf „Appelle" hören sie nicht.

Was an Vätererbe — auch eines dieser Worte, das Allergien verursacht, in diesem Falle aber seine Berechtigung hat — auf die Nachfahren gekommen, was erhaltenswert ist, hat der Staatsrechtler Willy Hellpach mit den Worten ausgedrückt:

„Die Alemannen sind in bestem Sinne echt und allem Talmi- und Similiwesen abhold. Diese Echtheit ist vollkommen demokratisch. Der Vornehmste im alemannischen Stamm redet mit dem Geringsten in der gemeinsamen Mundart, die hier allein als vollgültige Umgangssprache des Herzens, der Familie, des traulichen Verkehrs sich erhalten hat." —

Jedes Volk hat seinen Tag in der Geschichte. Der Tag der Alemannen verschattet im Nebel einer großen Vergangenheit. Wotans wildes Heer ist zur Ruhe gekommen.

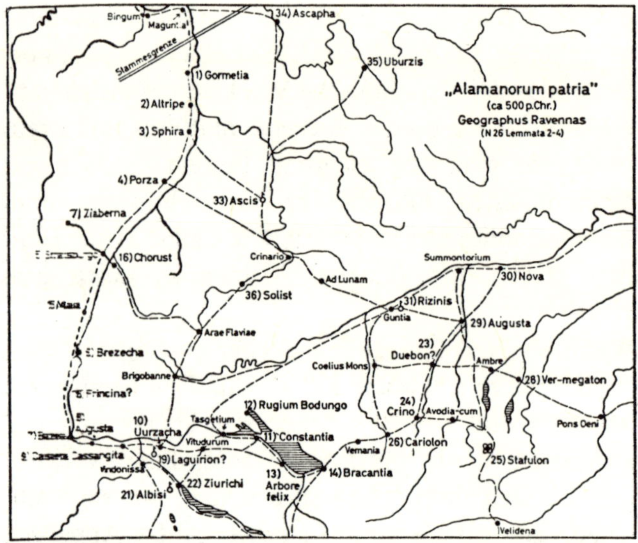


*Alem. im Werk des Geographen von Ravenna nach F. Beyerle, Süddeutschland in der politischen Konzeption Theoderichs des Großen, in: Grundfragen der alemannischen Geschichte, Vorträge und Forschungen I, hrsg. v. Th. Mayer, 2. Aufl. 1962. Unberücksichtigt blieben die nur zeitweise alemannischen Orte in Burgund: Langres, Besançon, Nantes, Mandeure.*

# *Literatur*

*Bader, K. S./Klewitz, H. W./Kraft, G./Maurer, F./ Schäuble, J.:* Oberrheiner, Schwaben, Südalemannen, Hünenburg Verlag, Straßburg 1942

*Berger, Georg:* Baden-Württemberg, Schatzkammer der Geschichte, Verlag Ringier & Co. AG, Zürich-München 1979

*Bischof, Heinz:* Im Schwarzwald und am Hohen Rhein, Morstadt-Verlag, Kehl-Straßburg-Basel 1982

*Bischof, Heinz:* Im Schnookeloch, 2. Auflage, Morstadt-Verlag, Kehl-Straßburg-Basel 1984

*Bohnenberger, Karl:* Die alemannische Mundart, I.C.B. Mohr (Paul Siebeck) Verlag, Tübingen 1953

*Borst, Otto:* Württemberg — Geschichte und Gestalt eines Landes, Verlag Friedrich Stadler, Konstanz 1978

*Christlein, Rainer:* Die Alamannen — Archäologie eines lebendigen Volkes, Konrad Theiss Verlag, Stuttgart-Aalen 1978

*Ebeling, Hermann und Popp, Gerd:* Das untere Elsaß, G. Braun Verlag, Karlsruhe 1982

*Im Hof, Ulrich:* Geschichte der Schweiz, Verlag W. Kohlhammer, Stuttgart-Berlin-Köln-Mainz 1976

*Maurer, Friedrich:* Nordgermanen und Alemannen, A. Francke AG Verlag, Bern — Leo Lehnen Verlag GmbH, München 1952

*Merkle, Ludwig/Merkle, Elli/Mehlig, Manfred:* Der Schwarzwald, Südwest-Verlag, München 1983

*Mühlberger, J.:* Die Staufer, Verlag der Buchhandlung Herwig, Göppingen 1966

*Münster, Tonio und Stuhler, Werner:* Kleines Paradies Bregenzerwald, G. Braun Verlag, Karlsruhe 1977

*Nägele, Hans:* „Vorarlberg — das Alemannenland am Bodensee und Rhein", Vorarlberger Verlagsanstalt GmbH, Dornbirn 1972

*Richter, Georg:* Elsaß, Verlag Glock & Lutz, Nürnberg 1972

*Richter, Georg:* Schwarzwald, Verlag Glock & Lutz, Nürnberg 1967

*Roeder, Gustav:* Württemberg — Vom Neckar zur Donau, Verlag Glock & Lutz, Nürnberg 1972

*Schlapp, Manfred:* Das ist Liechtenstein, Seewald-Verlag, Stuttgart 1980

*Schnack, Anton:* Phantastische Geographie, Verlag Hoffmann & Campe, Hamburg 1949

*Schneider, Hans Konrad:* 's Oberland, G. Braun Verlag, Karlsruhe 1978

*Siebenpunkt, Amadeus:* Deutschland — deine Badener, Verlag Hoffmann & Campe, Hamburg 1975

*Troll, Thaddäus:* Deutschland — deine Schwaben, Verlag Hoffmann & Campe, Hamburg 1967

*Weckmann, André:* Geschichten aus Soranien, Literarische Gesellschaft (Scheffelbund), Karlsruhe 1977

*Weckmann, André:* Kostbarkeiten, Essays und Laudationes zur Literatur des 19. und 20. Jahrhunderts, Literarische Gesellschaft (Scheffelbund), Karlsruhe 1981

*Weller, Karl und Weller, Arnold:* Württembergische Geschichte im südwestdeutschen Raum, Konrad Theiss Verlag, Stuttgart-Aalen 1971

*Windstoesser/Tripps:* Baden-Württemberg im Wandel der Geschichte, Verlag Günter Rüber, Schwieberdingen 1979

Alemannische Geschichten, Moritz Schauenburg Verlag, Lahr 1970

Baden wie es lacht, Verlag Weidlich, Frankfurt 1969

Badisches Hausbuch, Bibliothek Rombach, Freiburg 1980

Handbuch der historischen Stätten — Österreich, Band II, Alfred Kröner Verlag, Stuttgart 1966

Reallexikon der Germanischen Altertumskunde, Band I und III, Verlag Walter de Gruyter, Berlin — New York 1973

Schwabentum in der Geistesgeschichte, J.G. Cotta'sche Buchhandlung Nachf., Stuttgart 1933

André Weckmann

# *Wie die Würfel fallen*

Roman aus dem Elsaß, 2. Auflage

Mit einer Einführung über die elsässische Problematik von Professor Adrien Finck, Universität Strasbourg

328 Seiten, Ganzleinen, DM 34,—

André Weckmann, einer der profiliertesten heutigen Autoren, hat die historische Chance seiner heimischen Landschaft mit ihren Widersprüchen zu nutzen gewußt: die Möglichkeit der Vermittlung zwischen verschiedenen Kulturen, Sprachen, Mentalitäten. Vor allem in literarischer Hinsicht hat er Brücken geschlagen; seine zahlreichen Publikationen sind in elsässischer Mundart wie auch in französischer und deutscher Sprache original erschienen. In seinem Roman „Wie die Würfel fallen", legt André Weckmann nun die Summe seines bisherigen Denkens und Schaffens vor. Er gibt ein gültiges Bekenntnis ab, wie ein Elsässer, der seiner Zugehörigkeit zu einer Grenzlandschaft sensibel bewußt ist, in der heutigen Gegenwart lebt. Vielmehr noch: wie er die jüngste Vergangenheit in unsere Zeit hinübergetragen hat. Und da drängen sich auch dem nichtelsässischen Leser Stichworte auf wie: Problematik des Dazwischenstehens und damit Identifikationsschwierigkeit. Die Gelegenheit, den Zugang zu verschiedenen Kulturräumen zu besitzen, hat oftmals den Schlüssel zum eigenen Selbst verlegen lassen.

Der Roman Weckmanns „Wie die Würfel fallen", ist ein bedeutsames Dokument heutigen Lebensgefühls: fern touristenwirksamer Nostalgie, bestechend dafür in seiner Ehrlichkeit und Offenheit, der beharrlichen Selbstbefragung, den historischen Einsichten.

*Neue Zürcher Zeitung*

André Weckmann

# *Odile oder das magische Dreieck*

Roman

340 Seiten, Ganzleinen

Ein Märchen-Thriller, ein Fantasy-Roman, ein Politthriller? — Es geht in diesem spannungsgeladenen Roman um viel mehr als die Elsaß-Thematik als solche. Es handelt sich um ein Plädoyer für eine Minderheit, für alle Minderheiten, um ein äußerst brisantes Problem: Haben Minderheiten noch eine Überlebenschance? Odile stellt Fragen und liefert Antworten, die weltweit Gültigkeit haben können.
Tatort Blodersche, ein Krautdorf im Elsaß. Ittel, ein Autonomist und die verführerische Hexe Odile halten dort den Staatspräsidenten gefangen, den sie zwecks Umschulung entführt haben. Doch der zeigt sich resistent und bringt es mit effizientem Charme sogar zuwege, das Dorf für sich zu gewinnen.
Im Ringen mit und um Odile aber zieht er schließlich den kürzeren. Eine Niederlage, der er dennoch eine Rose abgewinnt. Und das Leben im Elsaß geht weiter wie gehabt.
Elsässische Planspiele der Liebe oder der elsässische Versuch, ein Problem zu lösen, das andernorts nur mit Haß und Gewalt angegangen wird?
Scharfe Ironie paart sich mit Zärtlichkeit, Spritziges mit Surrealem, Hokuspokus mit tiefem Ernst, Wirklichkeit mit Politfiction.
Ein neuer, origineller, überraschender Weckmann.
„. . . André Weckmanns Sprache verdankt seine urwüchsige Eigenwilligkeit, seine leuchtkräftigen Farben und seine muskulöse Sehnigkeit dem Umstand, daß es fern vom deutschen Sprachraum ein vom Umgangsdeutsch unberührtes Eigenleben führen konnte . . .“

*Fernand Hoffmann, Luxemburger Wort*

MORSTADT VERLAG KEHL STRASBOURG BASEL

Raymond Matzen

# *Goethe, Friederike und Sesenheim*

3. Auflage
Ewigjunge Romanze mit Friederike Brion
Illustrationen von Henri Bacher

320 Seiten, mit Texten, Faksimiles, Illustrationen, Dokumenten und Kommentaren, Ganzleinen

Goethe und das Elsaß — bis heute und immer neu untrennbar verbunden mit seinem Aufenthalt im Rieddorf Sesenheim und der ewigjungen Romanze mit Friederike Brion, der Liebesbeziehung, die so zärtlich wie auch schmerzlich war: Die ,,Sesenheimer Lieder" des Dichters, auch in Matzens Sammelband enthalten, zeugen noch heute, wo sie längst ,,Pflicht"bestandteil der deutschen Lyrik geworden sind, von der zärtlichen Einmaligkeit der Liebe des Frankfurter Stürmers und Drängers.

Goethes und Friederikes gemeinsame Zeit wird nicht nur in des Dichters eigenen ,,Liedern", sondern vor allem in seinen Briefen, seiner in Sesenheim entstandenen Volksliedsammlung und den betreffenden Abschnitten seiner Autobiographie ,,Aus meinem Leben, Dichtung und Wahrheit" sowie in Berichten von Zeitgenossen über die Sesenheimer Romanze, Eindrücken und Witzigem, Briefen und Gedichten widergespiegelt.

Faksimiles, Illustrationen von Henri Bacher, eine umfassende Einführung in den Inhalt des thematisch und chronologisch geordneten Sammelbands und umfassende Anmerkungen und Literaturangaben runden dieses Buch, das eine Lücke füllt, ab.

*Lothar R. Braun / Offenbach-Post*

MORSTADT VERLAG KEHL STRASBOURG BASEL

Wilhelm M. Josten

# *Raupen im Sauerkraut*

Vergnügliche Satiren

280 Seiten, Ganzleinen

Endlich gibt es in unserer deutschen, ansonsten ziemlich humorlosen Literatur wieder etwas zu lachen. Mit seinem Buch „Raupen im Sauerkraut“ ist ein deutscher Satiriker auf dem Buchmarkt erschienen, der eine messerscharfe Bilanz über das Leben „in diesem unserm Lande“ zieht.
Seine Pointen treffen nicht nur genau ins Schwarze, sondern ebenso ins Rote oder Grüne. In seinen wirklich vergnüglichen Satiren bleibt niemand verschont. Ob es die Politik ist, die er aufs Korn nimmt, ob er über die Gewerkschaften schreibt, über die Beamten oder über die Polizei, es bleibt kein Auge trocken. Der Kern seiner Satiren trifft immer die Wahrheit. Aber die Wahrheit ist in diesem Buch — wie der Autor selbst sagt — immer vergnüglich, „nur die Lüge ist häßlich, allein schon wegen ihrer kurzen Beine!“
Aber er berichtet auch über die Frauen, insbesondere über seine eigene, also über die Ehe, über die lieben Kinder, unsere heutige Jugend, das Fernsehen, das Finanzamt, den Karneval, über den Fußball, die Ärzte usw. Überall sieht er „Raupen“. Hier wird nicht nur glossiert, sondern Ereignisse, Begebenheiten werden dargestellt, und so ergeben sich lebendige Erzählungen von einer ungeheuren Situationskomik, die durch ihre messerscharfen Formulierungen jeden Leser hellauf lachen lassen.
Wer das Lachen verlernt hat, hier findet er es wieder. Oft erkennt man in diesen Geschichten sich selbst und seine eigenen Ansichten und Meinungen. Meistens sind es natürlich die anderen, die mit spitzer Feder aufgespießt werden. Doch das geschieht niemals boshaft, sondern so humorig, daß das Erkennen und Verstehen der menschlichen Schwächen das Versöhnliche an diesem Buch ist.